W.-D. Jägel
GRUNDLAGEN DEUTSCH

Herausgegeben von Johannes Diekhans
Erarbeitet von Annette Kirchhoff und Isabel Kirchhoff

Rechtschreibung üben

7./8. Schuljahr

Schöningh
westermann

westermann GRUPPE

© 2008 Schöningh Verlag im Westermann Schulbuchverlag GmbH

© ab 2004 Bildungshaus Schulbuchverlage
Westermann Schroedel Diesterweg Schöningh Winklers GmbH,
Georg-Westermann-Allee 66, 38104 Braunschweig
www.westermann.de

Das Werk und seine Teile sind urheberrechtlich geschützt.
Jede Nutzung in anderen als den gesetzlich zugelassenen bzw. vertraglich zugestandenen Fällen bedarf der vorherigen schriftlichen Einwilligung des Verlages. Nähere Informationen zur vertraglich gestatteten Anzahl von Kopien finden Sie auf www.schulbuchkopie.de.

Für Verweise (Links) auf Internet-Adressen gilt folgender Haftungshinweis:
Trotz sorgfältiger inhaltlicher Kontrolle wird die Haftung für die Inhalte der externen Seiten ausgeschlossen. Für den Inhalt dieser externen Seiten sind ausschließlich deren Betreiber verantwortlich. Sollten Sie daher auf kostenpflichtige, illegale oder anstößige Inhalte treffen, so bedauern wir dies ausdrücklich und bitten Sie, uns umgehend per E-Mail davon in Kenntnis zu setzen, damit beim Nachdruck der Verweis gelöscht wird.

Druck A^8 / Jahr 2022
Alle Drucke der Serie A sind im Unterricht parallel verwendbar.

Illustrationen: Matthias Berghahn, Bielefeld
Umschlaggestaltung: INNOVA, Borchen
Druck und Bindung: Westermann Druck GmbH, Georg-Westermann-Allee 66, 38104 Braunschweig

ISBN 978-3-14-**025196**-9

Inhaltsverzeichnis

Vorwort 7

Tipps zur Rechtschreibung 8

Genau zuhören und deutlich sprechen: Vokale lang und kurz aussprechen 8

Schreibweisen durch Verlängern und Ableiten erklären 10

Auf die Wortfamilie achten 11

Auf die Wortart achten 12

Mit dem Wörterbuch arbeiten 14

Teste dein Wissen 1 18

Schwierige Konsonanten 19

Der f-Laut 19

    f sprechen – f schreiben 19

    Deutlich sprechen – pf schreiben 20

    f sprechen – v schreiben 22

Gleich oder ähnlich klingende Konsonanten am Wortende/Silbenende 24

    b – p, d – t, g – k am Wortende unterscheiden 24

    -ig und -lich am Wortende unterscheiden 27

    ent und end unterscheiden 28

    end als grammatischer Baustein 29

    seid und seit unterscheiden 31

    Stadt/stadt und Stätte/statt unterscheiden 32

Der ks-Laut 34

    ks sprechen – x, cks, chs, gs oder ks schreiben 34

Teste dein Wissen 2 38

Haltestelle 40

Konsonanten nach kurz ausgesprochenen, betonten Vokalen 42

Konsonanten verdoppeln 42

k und z nach einem kurz ausgesprochenen, betonten Vokal 44

Verschiedene Konsonanten nach einem kurz ausgesprochenen, betonten Vokal 47

Teste dein Wissen 3 49

Haltestelle 51

Lang ausgesprochene, betonte Vokale 52

Lang ausgesprochene, betonte Vokale ohne Dehnungszeichen 52

Lang ausgesprochene, betonte Vokale mit Dehnungs-h 53

Ausnahmen beim Dehnungs-h 54

Vokale verdoppeln 58

Das lang ausgesprochene i 59

Die Fremdwortendungen -ie, -ier, -ieren, -in/-ine, -iv/-ive, -iz und -il 61

Teste dein Wissen 4 66

Haltestelle 68

Die s-Laute 70

Gesummt oder gezischt? 70

s und ß nach einem lang ausgesprochenen, betonten Vokal 72

ss nach einem kurz ausgesprochenen, betonten Vokal 74

Die Vorsilbe miss- 75

Die Buchstabenverbindungen st, sp und sk 77

Wechselnde s-Schreibweise in einer Wortfamilie: vom ss zum ß und vom ß zu ss 77

Die Endung -nis 78

das und dass unterscheiden 79

Teste dein Wissen 5 81

Haltestelle 83

Groß- und Kleinschreibung 84

Nomen/Substantive erkennen und großschreiben 84

Aus Verben Nomen/Substantive machen 85

Aus Adjektiven und Partizipien Nomen/Substantive machen 92

Aus Zahlen Nomen/Substantive machen 98

Anredepronomen großschreiben 99

Anredepronomen kleinschreiben 100

Tageszeiten und Wochentage großschreiben 101

Tageszeiten und Wochentage kleinschreiben 101

Teste dein Wissen 6 103

Haltestelle 106

Zusammenschreiben oder getrennt schreiben? 108

Verbindungen mit Verben 108

    Verben mit Vorsilben zusammenschreiben 108

    Verben mit Vorsilben getrennt schreiben 111

    Zwei aufeinanderfolgende Verben getrennt schreiben 112

    Verbindungen mit den Verben bleiben und lassen 113

    Verbindungen mit dem Hilfsverb sein getrennt schreiben 114

Verbindungen mit Nomen/Substantiven 115

    Nomen/Substantiv und Verb getrennt schreiben 115

    Nominalisierungen/Substantivierungen zusammenschreiben 118

    Verblasste Nomen/Substantive zusammenschreiben 119

Verbindungen mit Adjektiven und Partizipien 121

    Verbindungen aus einem Adjektiv und einem Verb getrennt schreiben 121

    Verbindungen aus einem Adjektiv und einem Verb zusammenschreiben 122

    Verbindungen aus gleichrangigen Adjektiven zusammenschreiben 125

    Verbindungen von Adjektiven mit bedeutungsverstärkenden/abschwächenden Bestandteilen zusammenschreiben 126

    Verbindungen von Adjektiven mit bedeutungsverstärkenden/abschwächenden Adjektiven getrennt oder zusammenschreiben 127

Inhaltsverzeichnis

    Verkürzte Wortgruppen aus Nomen/Substantiv und Adjektiv zusammenschreiben **128**

    Verbindungen von Adjektiven mit der Partikel *nicht* getrennt oder zusammenschreiben **129**

Teste dein Wissen 7 **130**

Haltestelle **132**

Fremdwörter **135**

Fremdwörter mit ph, rh, th und gh **135**

Fremdwörter aus dem Französischen – typische Endungen **139**

Fremdwörter aus dem Englischen **142**

Teste dein Wissen 8 **145**

Haltestelle **147**

Zeichensetzung **148**

Das Komma bei Anreden und Ausrufen **148**

Das Komma in Aufzählungen **149**

Das Komma bei Einschüben und nachgestellten Erläuterungen **151**

Das Komma vor nebenordnenden Konjunktionen **152**

Das Komma vor den Konjunktionen wie und als **154**

Das Komma in einfachen Satzgefügen **156**

Das Komma in erweiterten Satzgefügen **158**

Das Komma bei Infinitivgruppen **159**

Das Komma bei Infinitivgruppen mit um, ohne, statt, anstatt, außer **161**

Teste dein Wissen 9 **163**

Haltestelle **165**

Textquellenverzeichnis 167
Bildnachweis 167
Lösungen (im Beiheft)

Liebe Schülerinnen und Schüler,

wer Briefe, Aufsätze, Notizen oder auch seine SMS oder Mails richtig schreiben kann, hat es gut. Aber Rechtschreibung lernt man nicht allein dadurch, dass man sich ein Wort immer wieder ansieht oder es abschreibt, man muss oft auch die zugrunde liegende Regel verstanden haben.

„Rechtschreibung üben 7/8" knüpft an den vorherigen Band für das 6. Schuljahr an. Auch hier könnt ihr euch folgendermaßen orientieren:

 Zunächst werden immer einige einfach formulierte Regeln vorgestellt, die euch helfen, die sich anschließenden Aufgaben zu bearbeiten.

 Am Schluss der einzelnen Kapitel stehen zunächst ein paar Übungen, mit denen ihr überprüfen könnt, was ihr alles gelernt habt und ob ihr schon sicherer geworden seid. Dazu benötigt ihr manchmal jemanden, der euch einen Text diktiert. Natürlich könnt ihr auch mit einem Rekorder und dem PC arbeiten und die Texte zuvor aufnehmen.

 Anschließend werden noch einmal die wichtigsten Regeln zu dem Rechtschreibproblem in einer Haltestelle zusammengefasst. Damit könnt ihr euch schnell einen Überblick verschaffen und nachschlagen, wenn ihr nicht mehr sicher seid, wie etwas geschrieben wird.

Aber es geht nicht nur darum, mit Regeln umzugehen. Es gibt noch weitere Hilfen zur Rechtschreibung. Manchmal kann es wichtig sein, genau hinzuhören und deutlich zu sprechen oder ein Wort zu verlängern und nach weiteren Wörtern aus der Wortfamilie zu suchen. Ein ganz wichtiger Tipp ist es auch, Wörter zu schreiben und sie sich auf diesem Weg einzuprägen. Auch hierzu erhaltet ihr in diesem Buch zahlreiche Übungen.

Ganz wichtig ist, dass ihr euch nicht zu viele Aufgaben auf einmal vornehmt. Teilt euch die Arbeit so ein, dass ihr täglich nur ca. 15 Minuten damit beschäftigt seid. Wenn ihr mit dem Bleistift schreibt, könnt ihr einzelne Aufgaben mehrfach bearbeiten.

 Dort, wo neben den Aufgaben dieses Zeichen steht, bitten wir euch, die Lösungen in ein Heft zu schreiben.

Mit dem beigelegten Lösungsheft könnt ihr ganz schnell kontrollieren, ob ihr alles richtig gemacht habt.

Neben diesem Buch benötigt ihr noch ein Wörterbuch, um nachschlagen zu können, wenn ihr euch nicht sicher seid.

Und nun wünschen wir euch viel Spaß und Erfolg bei der Arbeit.

Tipps zur Rechtschreibung

Genau zuhören und deutlich sprechen: Vokale lang und kurz aussprechen

Die Kürze oder die Länge eines Vokals ist ganz entscheidend für die Schreibweise eines Wortes. Deshalb musst du sehr genau auf die Länge oder Kürze der Vokale achten.

fühlen   füllen
der Stil   still
das Beet   das Bett

Doppellaute (Diphthonge) werden immer lang ausgesprochen.

die Saite, die Reise, die Leute, der Traum, die Zäune

1 Sprich dir die folgenden Wörter zunächst laut vor. Kennzeichne anschließend den lang ausgesprochenen Vokal mit einem Strich und den kurz ausgesprochenen Vokal mit einem Punkt. Lege eine Tabelle an, in der du die Wörter mit den kurzen und die Wörter mit den langen Vokalen einträgst.

gut, die Sonne, die Hand, das Boot, fahren, das Mehl, schwimmen, die Angel, die Höhle, hören, klettern, der Sohn, hoffen, der Tag, schenken, die Dogge, die Fee, das Paar, fühlen, ängstlich, die Seele, lesen, das Kind, der Mut, windig, der Zoo, die Haare, denken, der Faden, tanzen, leben, singen

2 Wenn du dir die Wörter in deiner Tabelle noch einmal ganz genau anguckst, kannst du bestimmt ankreuzen, welche Aussagen richtig sind.

Lang ausgesprochene, betonte Vokale können

☐ mit einem einfachen Vokal geschrieben werden.
☐ mit dem Buchstaben h, der die Dehnung zeigt, geschrieben werden.
☐ mit einem Doppelvokal geschrieben werden.

Nach einem kurzen, betonten Vokal folgt/folgen oft

☐ ein Doppelkonsonant.
☐ zwei unterschiedliche Konsonanten.

Tipps zur Rechtschreibung 9

3 Ergänze die Tabelle, die du in Aufgabe 1 angelegt hast, indem du nun eigene Wörter findest.

4 Fülle die Lücken aus. Wenn du dir unsicher bist, nimm ein Wörterbuch zu Hilfe.

Knut

Über eine Millionen M____schen haben ihn bereits gesehen: den kleinen Eisbären Knut, der am 5. Dezember 2006 im Berliner Z____ zur Welt kam. Nach einer Tragezeit, die ohne Komplikationen verlaufen

war, brachte das Eisbärweibchen Tosca zwei Jungtiere zur Welt. Aber statt sie in ihrer Wurfh____le zu wärmen, legte sie ihren Nachwuchs vor der Höhle ab und kü_____erte sich nicht weiter um ihn. Als nach mehreren Stu____en klar war, dass die Bärin die Aufzucht ihrer Jungen ablehnte, holte ein Tierpfleger die beiden Jungtiere mit einem B____senstiel aus dem K____fig. Eines überlebte diese Re____ungsaktion nicht und starb vier T____ge später. Der andere kleine Bär – man gab ihm den Namen Knut – erholte sich langsam im Brutkasten. Ein Tierpfleger wurde zu seinem Ersatzvater und pä____elte ihn langsam per Ha____aufzucht auf. Er bezog sogar eine W____nung an seinem Arbeitsplatz, um dem Bärenbaby alle zwei Stunden die Flasche zu geben. Mit dieser Pfl____ge entwickelte sich Knut prächtig und im Alter von 15 Wochen und mit einem Gewicht von 9 kg hatte er seinen ersten öffentlichen Auftritt. 500 Journalisten aus aller Welt k____men, um das Eisbärenbaby zu bestaunen, und am nächsten Tag folgten Tausende von Besuchern. Wochenlang berichteten die Medien von Knut und seinen Fortschri____en. Es wurde sogar eine zehnteilige Dokumentation über den ber____mten Eisbären gedreht.

Schreibweisen durch Verlängern und Ableiten erklären

Wenn du dir unsicher bist, wie ein Wort richtig geschrieben wird, kannst du verschiedene Proben anwenden.
Zu einem Nomen/Substantiv kannst du den Plural, zu einem Verb den Infinitiv bilden und ein Adjektiv kannst du steigern.

der Kies	der Kiesel
er braust	brausen
eindeutig	eindeutiger

5 Erkläre die Fehler in dem folgenden Text, indem du zu den unterstrichenen Wörtern immer eine Ableitung oder Verlängerung, die dir die richtige Schreibweise zeigt, bildest.

Tierleben im Zoo

Es ist <u>merkwürdich</u>, dass das Eisbärenweibchen Tosca – Knuts Mutter – keinen Mutterinstinkt entwickelt hat, denn in der freien Wildbahn verstößt eine Mutter ihr <u>Kint</u> nicht. Für Tierschützer ist der Fall <u>eindeutich</u>: Tosca <u>zeikte</u> kein artgerechtes Verhalten, weil sie selber im Zoo <u>lept</u> und vor ihrer Zeit im Leipziger Zoo lange als Zirkusbär in einem kleinen <u>Käfich</u> gehalten wurde. Sie hat kein natürliches Verhalten gelernt.
Der Fall Knut hat eine <u>lephafte</u> Diskussion über eine artgerechte Tierhaltung im Zoo ausgelöst. So lehnen Kritiker die Aufzucht per <u>Hant</u> ab, weil sie unnatürlich ist. Ein Junges, das nicht von seiner Mutter <u>gesäukt</u>, gewärmt und angelernt <u>wirt</u>, zeigt als ausgewachsenes Tier oft Verhaltensstörungen. <u>Tierliephaber</u> kritisieren die <u>Haltunk</u> von Tieren im Zoo immer wieder. Denn gerade für Großkatzen und Bären ist die Haltung <u>wenich</u> artgerecht. Ihnen <u>bleipt</u> zu wenig Raum für Bewegung und sie haben keinen <u>Antriep</u> mehr, weil sie nicht <u>selbstständich</u> für ihr Überleben sorgen müssen.
Zoobefürworter sprechen den Zoos hingegen <u>Lop</u> dafür aus, dass die Gehege dem natürlichen Lebensraum immer <u>ähnliger</u> werden und dass diese einen <u>Beitrak</u> zur Arterhaltung leisten. Außerdem sensibilisierten zoologische Gärten die Menschen für die Schönheit der Tiere und der Natur.

merkwürdig, merkwürdiger

Auf die Wortfamilie achten

Viele Wörter gehören zu einer Wortfamilie. Wenn du weißt, wie man ein Wort aus einer Familie schreibt, kannst du auch alle anderen Wörter aus dieser Wortfamilie richtig schreiben.

fahren	die Fahrbahn, der Fahrer, der Fahrstuhl, die Fahrschule, die Fahrkarte, wegfahren, das Fahrrad, der Fahrplan, der Fahrgast
die Hand	handlich, das Handspiel, das Handgelenk, handarbeiten, handgemacht, handfest, die Handbremse
die Sonne	sonnig, der Sonnenstrahl, der Sonnenbrand, der Sonnenaufgang, die Sonnenblume, sonnen

6 Schreibe möglichst viele Wortverwandte zu den jeweiligen Wörtern auf. Wortmaterial findest du auch in einem Wörterbuch.

die Mutter

reisen

mutig

Kind

der Wind

festlich

Auf die Wortart achten

Für die Rechtschreibung ist es wichtig, die Wortarten zu kennen. Du weißt, dass man Substantive/Nomen immer großschreibt. Adjektive und Verben hingegen schreibst du klein.

Substantive/Nomen   die Tiere, der Zoo, der Bär, Knut
Adjektive   niedlich, gefährlich, aufregend
Verben   laufen, staunen, lachen

Wörter, die ursprünglich keine Nomen/Substantive sind, schreibst du groß, wenn sie im Satz wie ein Nomen/Substantiv gebraucht werden. Du erkennst sie daran, dass sie häufig von einem Artikel, einer Präposition mit eingeschlossenem Artikel oder einer Mengenangabe begleitet werden.

Wissenschaftler haben herausgefunden, dass das Lachen sehr gesund ist.
Beim Laufen habe ich mir den Knöchel verstaucht.
Ich habe gestern im Zoo etwas Niedliches gesehen.

 7 Unterstreiche in dem Gedicht die Nomen/Substantive, Adjektive und Verben in unterschiedlichen Farben. Schreibe das Gedicht dann in richtiger Schreibweise ordentlich in dein Heft.

Rainer Maria Rilke

Der Panther

Im Jardin des Plantes, Paris

SEIN BLICK IST VOM VORÜBERGEHN DER STÄBE
SO MÜD GEWORDEN, DASS ER NICHTS MEHR HÄLT.
IHM IST, ALS OB ES TAUSEND STÄBE GÄBE
UND HINTER TAUSEND STÄBEN KEINE WELT.

DER WEICHE GANG GESCHMEIDIG STARKER SCHRITTE,
DER SICH IM ALLERKLEINSTEN KREISE DREHT,
IST WIE EIN TANZ VON KRAFT UM EINE MITTE,
IN DER BETÄUBT EIN GROSSER WILLE STEHT.

NUR MANCHMAL SCHIEBT DER VORHANG DER PUPILLE
SICH LAUTLOS AUF –. DANN GEHT EIN BILD HINEIN,
GEHT DURCH DER GLIEDER ANGESPANNTE STILLE –
UND HÖRT IM HERZEN AUF ZU SEIN.

Tipps zur Rechtschreibung 13

8 In den folgenden Text haben sich Fehler eingeschlichen. Sie sind unterstrichen. Erkläre dir mithilfe der Rechtschreibtipps die richtige Schreibweise der unterstrichenen Wörter und schreibe den Text richtig in dein Heft.

Tierische Therapeuten

Tiere bereichern den <u>Alltak</u> von Menschen, in vielen Haushalten <u>lept</u> ein <u>Hunt</u>, eine Katze, ein Meerschweinchen oder ein Kanarienvogel.

Tiere wirken sich positiv auf die <u>gesundheit</u> und <u>zufriedenheit</u> von Menschen aus. Man kann ihnen alles erzählen, sie sind gute Zuhörer und das <u>schmusen</u> mit ihnen <u>gipt</u> einem das Gefühl von Nähe und Wärme. Tiere akzeptieren Menschen so, wie sie sind, sie bringen einem zum <u>lachen</u> und zum <u>spielen</u>. Wissenschaftler haben herausgefunden, dass selbst das <u>beobachten</u> von Fischen im Aquarium den Blutdruck <u>sengt</u> und das Herz ruhiger schlagen lässt. Tiere werden auch gezielt zur Förderung <u>Behinderter</u> Menschen eingesetzt. Besonders von Delfinen und Pferden scheint eine <u>Heilsame</u> Wirkung auszugehen. So <u>wirt</u> die Therapie von Menschen mit Lähmungen und Bewegungsstörungen oft durch das therapeutische <u>reiten</u> ergänzt. Der Schritt des Pferdes ist dem menschlichen <u>Gangbilt</u> sehr ähnlich. Die Bewegung <u>überträkt</u> sich auf die Patienten und diese können so ein Gefühl für ihre Körpermitte <u>Entwickeln</u>. Zugleich wird die Muskelspannung positiv beeinflusst: Schlaffe Muskeln spannen sich an, <u>muskelverkrampfungen</u> lösen sich. Die gesamte Haltung und der Gleichgewichtssinn werden geschult. Außerdem macht es stolz, wenn man die Zügel in die <u>Hant</u> nimmt und losreitet.

Für viele <u>geistich</u> behinderte <u>kinder</u> ist auch die Delfin-Therapie eine Chance, ihre Situation zu verbessern. Durch die Freude, mit diesen <u>Schönen tieren</u> zusammen sein zu dürfen, werden viele ausgeglichener und offener. Nicht zuletzt werden sie aus ihrem Alltag herausgerissen und <u>Bekommen</u> durch die <u>Aufregenden</u> Erfahrungen <u>Neues</u> Selbstbewusstsein.

Mit dem Wörterbuch arbeiten

Unser Alphabet besteht aus den folgenden 26 Buchstaben.

a b c d e f g h i j k l m n o p q r s t u v w x y z

Dazu gibt es noch die Umlaute ä, ö und ü.

Im Wörterbuch sind alle Wörter nach dem Alphabet geordnet. Die Umlaute werden dabei behandelt wie a, o und u.

1 Schreibe die beiden Gedichte neu auf, indem du für die Zahlen Buchstaben einsetzt.

Heinz Erhardt
Die Schnecke

Mit ihrem 8–1–21–19 nur geht sie 1–21–19!
Doch heut lässt sie ihr 8–1–21–19 zu 8–1–21–19,
es drückt so auf die 8–21–5–6–20–5–14.
Und außerdem – das ist gescheit
und auch die allerhöchste Zeit
sie muss ihr 8–1–21–19 mal 12–21–5–6–20–5–14!

Heinz Erhardt
Der 19–20–9–5–18

Ein jeder 19–20–9–5–18 hat oben vorn
Auf jeder Seite je ein 8–15–18–14;
Doch ist es ihm nicht zuzumuten,
auf so´nem 8–15–18–14 auch noch zu 20–21–20–5–14.
Nicht drum, weil er nicht 20–21–20–5–14 kann,
nein, er kommt mit dem Maul nicht ran!

Haben Wörter denselben Anfangsbuchstaben, ordnest du sie nach dem zweiten Buchstaben, ist der dritte Buchstabe derselbe, so ordnest du sie nach dem vierten Buchstaben und so geht es immer weiter.

Badeanzug, Bademütze, Badeort, Badewanne, Badezimmer

Mit dem Wörterbuch arbeiten 15

2 Schreibe auf, in welcher Reihenfolge die folgenden Wörter im Wörterbuch stehen.

Schlüsselqualifikation, Schlüsseldienst, Schlüsselbein, Schlüssel, Schlüsselbegriff, Schlüsselposition, Schlüsselblume, Schlüsselloch, Schlüsselbrett, Schlüsselerlebnis, Schlüsselkind

Die Wörter stehen im Wörterbuch immer in einer bestimmten Form. Nomen/Substantive stehen immer im Singular, Verben stehen immer im Infinitiv und Adjektive stehen in der Grundform (im Positiv).

die Lieder	Singular: das Lied
der Haustürschlüssel	Zusammensetzung aus Haus + Tür + Schlüssel
er, sie, es liest	Infinitiv: lesen
besser	Grundstufe: gut

3 Schlage die unterstrichenen Wörter im Wörterbuch nach und schreibe die Seitenzahl auf.

Heinz Erhardt: Kindheit und Jugend (Teil I)

Heinz Erhardt <u>wurde</u> 1909 in der Hauptstadt Lettlands, in Riga, geboren. Bereits kurz nach seiner Geburt trennten sich seine Eltern. Während seine Mutter nach St. Petersburg <u>ging</u>, <u>nahm</u> sein Vater eine Anstellung als <u>Kapellmeister</u> in Deutschland an. Heinz Erhardt wuchs in Riga bei seinen Großeltern auf, die sich <u>liebevoller</u> um ihn kümmern konnten als seine Eltern. Diese nahmen

ihn jedoch immer wieder zu sich, sodass er als Kind auch einige Zeit in St. Petersburg und Deutschland <u>verbrachte</u>. Fünfzehnmal wechselte er durch die zahlreichen Ortswechsel die Schule und verließ sie schließlich ohne Abschluss. Er <u>wollte</u> Pianist werden, aber sein Großvater, der ein kleines <u>Musikgeschäft</u> hatte, schickte ihn nach Leipzig, wo er in einem Musikgeschäft eine zweijährige kaufmännische Ausbildung <u>begann</u>. Heinz Erhardt aber nutzte die Zeit viel <u>eifriger</u> dazu, um am Leipziger Konservatorium Klavier und Komposition zu studieren. 1929 kehrte er nach Riga zurück, arbeitete im großväterlichen Betrieb, obwohl er sich hier immer <u>unwohler</u> fühlte. <u>Lieber</u> versuchte er sich auf kleinen <u>Bühnen</u> als Komiker. 1934 lernte er seine Frau kennen. Sie unterstützte sein Talent und 1938 <u>gingen</u> die beiden nach Berlin: Heinz Erhardt hatte dort die Chance bekommen, am berühmten „Kabarett der Komiker" eine Anstellung zu erhalten.

16 Mit dem Wörterbuch arbeiten

Viele Wörterbücher arbeiten **mit Kopfwörtern**, damit man die Wörter schneller findet. Auf der linken oberen Seite steht oft das erste Wort, mit dem eine Seite beginnt, rechts davon steht das Wort, mit dem eine Seite aufhört.

Das Verb *räkeln* steht zwischen den Leitwörtern *Raftingtour* und *Rampe*.

 4 Welche der folgenden Wörter stehen noch zwischen den Leitwörtern Raftingtour und Rampe? Finde diese möglichst schnell heraus und kreise sie ein.

Rankengewächs, Ranch, ramponieren, Rage, Ralf, Rakete, Randgruppe, Ralley, Ramadan, rammen, Randbemerkung, Rambazamba, rammdösig, Rahmkäse, Rangelei, Rainer, Ragout, Rangfolge, Ränder

Mit dem Wörterbuch arbeiten

In einem Wörterbuch kannst du auch nachschlagen, wie du ein Wort richtig trennst, welches Genus (Femininum, Maskulinum, Neutrum) es hat und wie die Pluralform und die Genitivendung lauten.

Immer an der Stelle, an der du ein Wort trennen kannst, steht ein senkrechter Strich.

Ra|ke|ten|flug|zeug   Ra-ke-ten-flug-zeug

Hinter dem Substantiv/Nomen steht immer der Artikel, der dir das Genus angibt.

Rakete, die   Femininum
Regen, der   Maskulinum
Mädchen, das   Neutrum

Dann werden die Genitivendung und die Pluralendung angegeben.

Kind, das   -(e)s, -er
                     Der Genitiv lautet also: des Kind(e)s
                     Der Plural lautet: die Kinder

Oft stehen in einem Wörterbuch auch Erklärungen zu schwierigen Wörtern.

Ramskopf   Pferdekopf mit stark gekrümmtem Nasenrücken

5 Übertrage die Tabelle in dein Heft und fülle sie aus.

Rallye, Ritus, Serigrafie, Stornierung, Thermodynamik, Waldenser, Chlorophyll, Fuzzylogik, Autarkie, Diversität, Mystik, Narziss, Krähenfüße, Paella, Helioskop, Diwan, Dogmatismus, Daktylogramm, Hämoglobin

Nomen/Substantiv	Silbentrennung	Genus	Pluralform	Bedeutung
Rallye				

usw.

Mit dem Wörterbuch arbeiten

Teste dein Wissen 1

1 Schlage die Wörter, die unterstrichen sind, im Wörterbuch nach, schreibe sie richtig in dein Heft und gib die Seitenzahl an.

Heinz Erhardt: Karriere als Humorist (Teil II)

Im Kaberett der Komiker überzeugt er mit seinem Humor schnell sein Puplikum. Heinz Erhardt hatte seine Bestimmung gefunden.
Im Zweiten Weltkrieg wurde auch Erhardt als Soldat einberufen. Allerdings bliep ihm die Front erspahrt. Er kam zur Marine nach Stralsund, die für ihr Orchester einen Klavierspieler suchten. Nach dem Krieg ließ sich Erhardt mit seiner Familie in Hamburg nieder und setzte seine Karierre fort.
Nach der troßtlosen Zeit nach dem Zweiten Weltkrieg sorgten Kabarettisten wie Heinz Erhardt für einige vergnükte Stunden und brachten die Menschen wieder zum Lachen. So erlebte Heinz Erhardt in den Fünfziger- und Sechzigerjahren seine grössten Erfolge. Er schrieb zalreiche Gedichte, inszenierte viele Bühnenprogramme, nahm Schallplatten auf und spielte in zahlreichen Filmen.
Er arbeitete rastlos und war stendig unterwegs. Seine Frau und seine vier Kinder bekamen ihn nur selten zu sehen. Seine Karriere wurde plötzlich durch einen schlaganfall, den er 1971 erlitt, beendet. Er erholte sich davon nie vollständig und bliep bis zu seinem Tot halbseitig gelähmt. Außerdem schädigte der Schlaganfall die Sprachzentren im Gehirn so sehr, dass er kaum noch sprechen konnte. Deshalb zog er sich weitgehend in sein Privatleben zurück. Wenige Tage nachdem er das Bundesverdienstkreuz erhalten hatte, verstarb er 1979 in Hamburg.
Auch heute sorgen seine Gedichte und Filmrollen immer noch für viel Spass.

Schwierige Konsonanten

Der f-Laut

f sprechen – f schreiben

Der f-Laut hat es in sich, da es für ihn vier verschiedene Schreibweisen gibt. Du kannst ihn als f, v, pf und ph wiedergeben. Als ph wird der f-Laut in Fremdwörtern wiedergegeben (siehe Kapitel zur Fremdwortschreibung, s. S. 135).

der Finger, finden, der Vater, vielleicht, pfuschen, die Atmosphäre, die Phase

In den meisten Wörtern schreibst du den f-Laut f.

die Ferien, der Fehler, die Füße, fluchen, kaufen, fahren, frech, flapsig, tief

Nach dem Konsonanten n schreibst du den f-Laut immer f.

die Vernunft, vernünftig, die Zukunft, die Einkünfte, die Auskunft, der Senf, der Hanf, fünf, sanft

❶ In den einzelnen Schuppen der Fische gibt es nur Wörter, in denen der f-Laut als f wiedergegeben wird. Finde sie und ordne sie in die nachfolgende Tabelle ein. Vergiss nicht, bei den Nomen/Substantiven den Artikel (der, die, das) zu ergänzen.

Schwierige Konsonanten

Nomen/Substantive	Verben	Adjektive
der Fußball,	flitzen,	faul,

Deutlich sprechen – pf schreiben

Der f-Laut und der pf-Laut klingen fast gleich und es gibt keine Regel, die dir hilft, die beiden Laute zu unterscheiden.

die Pflanze, der Pfeffer, das Pflaster, der Pfarrer, pflegen, pfuschen, pfiffig, das Fenster, das Fieber, finden, fallen

Sprichst du das p und das f im Wortinneren deutlich voneinander getrennt aus, so hilft dir das, die beiden Laute nicht mehr zu verwechseln.

der Apfel, der Schnupfen, klopfen, hüpfen, stopfen, das Zäpfchen, tapfer

Nach dem Konsonanten m schreibst du immer pf.

der Sumpf, der Dampf, der Kampf, der Krampf, dumpf, impfen, schimpfen, schrumpfen, stampfen, mampfen

Schwierige Konsonanten 21

2 Baue die Wörter *Tropfen, klopfen, rupfen, Zapfen* und *Kupfer* wie das Beispielwort *Pfeffer* zunächst auf und dann wieder ab. Sprich das sich auf- und abbauende Wort laut aus.

P	T	k
Pf	___	___
Pfe	___	___
Pfef	___	___
Pfeff	___	___
Pfeffe	___	___
Pfeffer	Tropfen	klopfen
Pfeffe	___	___
Pfeff	___	___
Pfef	___	___
Pfe	___	___
Pf	___	___
P	T	k

r	Z	K
___	___	___
___	___	___
___	___	___
___	___	___
rupfen	Zapfen	Kupfer
___	___	___
___	___	___
___	___	___
___	___	___
r	Z	K

Schwierige Konsonanten

f sprechen – v schreiben

Es gibt nicht viele Wörter, in denen du ein f hörst und ein v schreibst. Am besten lernst du sie auswendig.

der Nerv/die Nerven, der Vater, das Veilchen, der Vetter, das Vieh, viel, vielleicht, vier, der Vogel, das Volk, voll, von, vor, vordere, vorn

Diese Schreibweise bleibt natürlich auch in Ableitungen und Wortzusammensetzungen erhalten.

veilchenblau, die Vielfalt, vielstimmig, die Vorderachse, der Vollmond, die Vorstellung

Hörst du die Vorsilben ver- und vor-, so schreibst du immer ein v. Vorsilben kannst du daran erkennen, dass ihnen meist ein eigenständiges Wort folgt.

verlieben, verkaufen, vordrängeln, vortragen, der Vormittag, die Veränderung, die Vorwahl, die Verwarnung

3 Völlig ungeordnet befinden sich Nomen/Substantive und Verben in dem Vorsilbentrichter. Lass sie durch den Trichter rutschen und ordne sie nach Verben und Nomen/Substantiven. Es gibt zwei neu entstandene Wörter, die sowohl Verben als auch Nomen/Substantive sind. Welche?

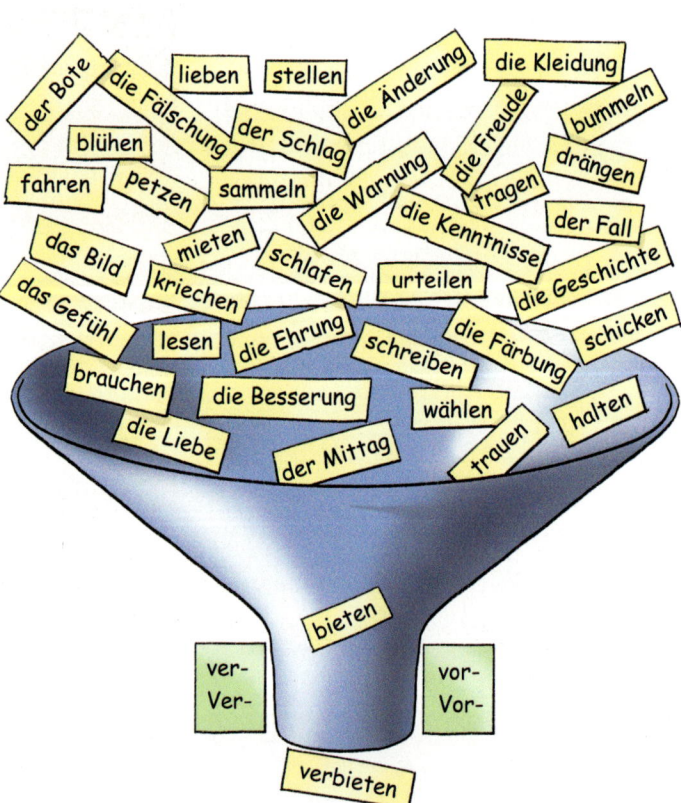

Schwierige Konsonanten 23

verbieten, _____

_____

_____

der Vormittag, _____

_____

Die beiden Wörter _____
sind sowohl Verben als auch Nomen/Substantive.

4 In diesem Text fehlen alle f-Laute. Ergänze sie, indem du den Text abschreibst. Bist du dir bei der richtigen Schreibweise unsicher, so schlage im Wörterbuch nach.

Die Sonne

Seit 4,5 Milliarden Jahren leuchtet dieser riesige Gasball immer etwa gleich hell. Entstanden ist die Sonne aus einer kühlen Gas- und Staubwolke, die sich ?est zusammenzog und dabei immer schneller und schneller drehte. ?liehkräfte waren in dieser ?ase da?ür ?erantwortlich, dass sie sich zunächst zu einer ?lachen Scheibe ?ormierte. In deren Zentrum ballte sich dann die gesamte Materie zu einer großen

Kugel aus Wassersto?? und Helium. ?ür uns kaum ?orstellbar, war die entstehende Sonne zunächst kalt, wurde aber beim Zusammenziehen so heiß, dass in ihrem Inneren nun Temperaturen von 15 Millionen Grad Celsius herrschen.

Schwierige Konsonanten

In der ?otos?äre, der sichtbaren Schicht der Sonnenober?läche, ?indet man sogenannte Sonnen?lecken, die im ?ernrohr au?grund deutlich niedrigerer Temperaturen tie?schwarz erscheinen. Ein einziger ?leck wäre jedoch ?iel heller als der ?ollmond.
Über der ?otos?äre liegt die dünne Schicht einer rötlichen ?arbss?äre, die von der extrem heißen Sonnenatmos?äre umhüllt wird.
Es ist die Kern?usion, der die Sonne ihr langes Leben als leuchtender ?ixstern ?erdankt. Sehr ?erein?acht erklärt, wird aus ?ier Wassersto??atomkernen ein Heliumkern au?gebaut. Da dieser leichter ist, geht Masse ?erloren. Nach der berühmten ?ormel E = mc² (E = Energie, m = Masse, c = Lichtgeschwindigkeit) des ?antastischen ?ysikers Albert Einstein (1879–1955) wird die ?erloren gehende Masse in un?orstellbare Energiemengen umgewandelt. Nur ein winziger Bruchteil der ?reigesetzten Energie wird von der Erde au?ge?angen und ermöglicht so die ?ielfalt allen Lebens.
Nach wissenschaftlichen Berechnungen hat die Sonne in Zukun?t noch Brennsto?? ?ür mindestens ?ün? Milliarden Jahre, be?or sie sich zum roten Riesen au?blähen und dann zum weißen Zwerg schrum?en wird.

Gleich oder ähnlich klingende Konsonanten am Wortende/Silbenende

b – p, d – t, g – k am Wortende unterscheiden

Die Buchstaben b, d, g sind am Wortende/Silbenende schwierig zu unterscheiden: b klingt wie p, d klingt wie t, g klingt wie k. Verlängerst du die Wörter, so hörst du jedoch sofort, ob der Laut b, d, g oder p, t, k geschrieben wird.

der Strandkorb	die Strandkörbe
das Kleid	die Kleider
der Zug	die Züge

Bilde bei Adjektiven den Komparativ (die 1. Steigerungsform), bei Verben den Infinitiv und bei Nomen/Substantiven den Plural.

flink	flinker
karg	karger
er bleibt	bleiben
sie hupt	hupen
das Zelt	die Zelte
das Hemd	die Hemden

Schwierige Konsonanten 25

5 d oder t, g oder k, b oder p? Vervollständige die Tabelle.

d oder t? g oder k? b oder p?	Verlängerungsprobe	richtige Schreibweise
plum?	plumper	plump
gel?		
der Aben?		
die Wel?		
Er re?t sich auf.	sich aufregen	Er regt sich auf.
Sie par?t.		
gesun?		
bun?		
das Telesko?		
der Urlau?		
Er entschie? sich.		
kran?		
gepfle?t		
Es pie?t.		
Sie gi?t.		
die Parkban?		
der Zwer?		

26 Schwierige Konsonanten

6 Die Wortblumen enthalten Merkwörter, die du nicht oder nur schwer ableiten kannst. Ergänze den fehlenden Buchstaben und schreibe das Wort noch einmal auf die Linien.

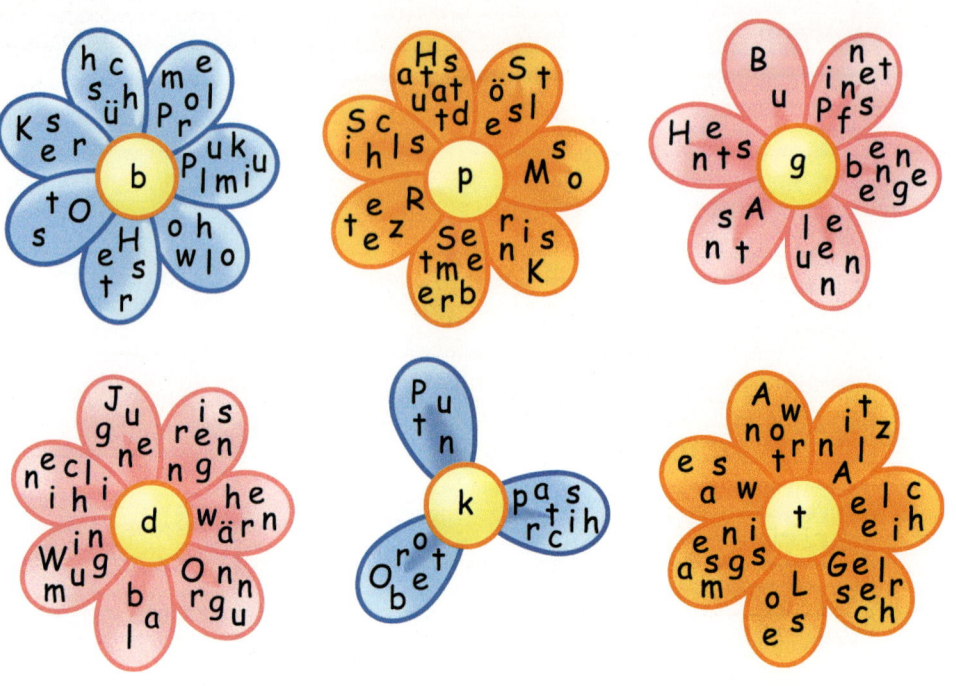

b-Blume: _____

p-Blume: _____

g-Blume: _____

d-Blume: _____

k-Blume: _____

t-Blume: _____

Schwierige Konsonanten

-ig und -lich am Wortende unterscheiden

Die Adjektivendungen -ig und -lich klingen manchmal genau gleich. Du erkennst die richtige Schreibweise, indem du die Adjektive steigerst oder einem Nomen/Substantiv voranstellst.

niedlich   niedlicher   am niedlichsten
neblig   neblige Herbsttage

7 Vervollständige die Tabelle.

-ig oder -ich	Verlängerungsprobe	richtige Schreibweise
bedrohl?	bedrohlicher – bedrohliche Unwetter	bedrohlich
hügel?		
pünktl?		
außergewöhnl?		
mehl?		
natürl?		
straffäll?		
sommerl?		
rechtwinkl?		
faul?		
höfl?		
erstaunl?		

Schwierige Konsonanten

end und ent unterscheiden

Die Schreibweise des Wortbausteins end kannst du dir leicht merken. Denn die Wörter, in denen er vorkommt, haben etwas mit Ende/Schluss zu tun. Der Wortstamm end ist immer betont.

unendlich, der Endspurt, die Endrunde, endlos, endgültig, beenden

Die Vorsilbe ent hat nichts mit der Bedeutung Ende/Schluss zu tun und ist immer unbetont. Häufig hat die Vorsilbe die Bedeutung weg oder gibt an, dass sich etwas verändert.

die Enttarnung, die Entführung, entstehen, entkrampfen, entfärben, entlaufen, entlassen, entweder ... oder

8 Der ent-Magnet und der end-Magnet ziehen Wortreste an. Notiere die neu entstandenen Wörter. Vergiss nicht, den bestimmten Artikel bei den Nomen/Substantiven (der, die, das) zu ergänzen.

die Endung,

Schwierige Konsonanten

end als grammatischer Baustein

Der Wortbaustein end hat auch die Aufgabe, das Partizip I/Partizip Präsens zu bilden. Das klingt kompliziert, ist es aber nicht: Wenn du das Wort/Partizip verlängerst, hörst du sofort, ob es mit d oder mit t geschrieben wird.

sich anstrengen	anstrengend	anstrengende Mathestunden
lachen	lachend	lachende Kinder
beeindrucken	beeindruckend	beeindruckende Filme

9 Bilde aus jedem Verb ein Partizip Präsens/Partizip I.

wüten, beeindrucken, glänzen, hervorragen, aufregen, verblüffen, alarmieren, heulen, fließen, entzücken, lachen, enttäuschen, d, staunen, dringen, spielen, hüpfen, jauchzen, zunehmen, steigen

10 d oder t, b oder p, g oder k, ig oder (l)ich? Ersetze die Fragezeichen durch den richtigen Buchstaben. Schreibe den Text in dein Heft.

Die Gebur? der Plane?en

In der Weite des Wel?alls gi?t es unen?lich viele Galaxien. Faszinieren?, dass es e?wa 10 Milliarden sind. Irgen?wo im Nirgen?s gi?t es auch unsere Galaxie: Sie besteht aus dem Sonnensystem und insgesam? 200 Milliarden anderen Sternen. Merkur, Venus, Erde, Mars, Jupiter, Saturn, Uranus, Neptun und Pluto laufen in riesigen Elli?sen um die Sonne. Der Abstan? zur Sonne wir? natürl? zunehmen? größer: Währen? Merkur 58 Millionen Kilometer von der Sonne en?fernt lie?t, beträ?t die Sonnenferne Plutos 5 900 Millionen Kilometer. Dimensionen, die für uns unglaubl? beeindrucken? sind.
O?wohl jeder Plane? seiner eigenen Umlaufbahn fol?t, bewe?t sich jeder ein-

zelne Plane**?** in dieselbe Richtung.
Wie en**?**standen eigen**?**l**?** die Plane**?**en?
Man glau**?**t, dass die Sonne und ihre Plane**?**en vor 4,5 Milliarden Jahren aus einer riesigen Gas- und Stau**?**wolke en**?**standen sind. Sich star**?** verdichten**?** bewe**?**ten sich die Gas- und Stau**?**teilchen immer schneller um den Mittelpun**?**t der en**?**stehenden Sonne.
Immer weiter ansteigen**?** und heftiger werden**?** bedin**?**te die Rotationsgeschwind**?**keit dieser Stau**?**teilchen, dass die Fliehkraft sehr heft**?** wurde. Diese Fliehkraft verhinderte, dass die gesamte Materie auf die Sonne stürzte. Nun bildete sich eine sehr wei**?** ausgedehnte Scheibe aus Gas und Stau**?**, in der Teile dieser Materiemassen durch die Schwerkraft zusammengezogen wurden: Die Plane**?**en waren geboren.

11 End oder ent? ig oder lich? Schreibe die Wörter in der richtigen Schreibweise auf die Linien.

Merkur und Venus

Merkur ist der kleinste Planet im _____(**?**losen) Universum. Seine _____(**?**fernung) zur Sonne beträgt 58 Millionen Kilometer. Ein Sonnenabstand, der für die Dimensionen des Alls _____(wen**?**) _____(aufreg**?**) und eher _____(unbedeut**?**) ist. Auch der Durchmesser dieser Steinkugel ist mit 4 880 Kilometern vergleichsweise _____ (nied**?**). Aufgrund von Meteoriteneinschlägen ist er von Kratern übersät, die _____(ries**?**) sind. Die Temperaturunterschiede sind _____(beeindruck**?**): Tagsüber herrschen 430 Grad Celsius; nachts – 180 Grad Celsius.
_____(Verblüff**?**) ist, dass man die Venus _____(**?**weder) als Abend- oder als Morgenstern betrachten kann. Dies liegt daran, dass ihre Stellung auf der Bahn um die Sonne jeweils _____ (unterschied**?**) ist. Sie gehört zu den _____(lebensfeind**?**sten) Regionen des Sonnensystems, da ihre Atmosphäre _____(vorwieg**?**) aus Kohlendioxid besteht. Wie ein Treibhaus verstärkt es die Hitze der nahe gelegenen

Schwierige Konsonanten 31

Sonne (108 Millionen km) _____ (ungeheuer?), indem es die Wärmestrahlung festhält. Es herrschen Durchschnittstemperaturen von 480 Grad Celsius. _____ (Unglaub?), dass Stürme mit 320 km/h über den Planeten fegen. Die amerikanische Sonde Magellan _____ (?deckte) viele Vulkane und Lavaströme.

Merkur

Venus

seid und seit unterscheiden

Hier ist dein Grammatikwissen gefordert: Du musst unterscheiden, ob es sich um die konjugierte Form des Hilfsverbs sein, eine Präposition oder eine Konjunktion handelt:

ihr seid	2. Person Plural des Hilfsverbs sein Ihr seid einfach kluge Köpfe.
seit	zeitlich gebrauchte Präposition (mit dem Genitiv) Seit der Relativitätstheorie Einsteins können wir die lange Lebensdauer der Sonne erklären.
seit/seitdem	zeitlich gebrauchte Konjunktion Seitdem die berühmte Formel $E = mc^2$ gezeigt hat, dass man Masse in Energie umwandeln kann, wissen wir, dass die Sonne ein riesiges Atomkraftwerk ist.

Schwierige Konsonanten

12 seid oder seit? Setze die richtige Form ein und bestimme, ob es sich um die Präposition, Konjunktion oder die konjugierte Verbform handelt.

- Die Sonne leuchtet seit (Präposition) 4,5 Milliarden Jahren und wird dies nach wissenschaftlichen Berechnungen noch weitere 4,5 Milliarden Jahre tun. _____ (_____) ihrer Entstehung versorgt sie die Erde mit Licht und Wärme.
- _____ (_____) die Menschheit existiert, ist sie von der Sonne fasziniert. Sie diente als Zeitmesser und wurde als Gottheit verehrt. _____ (_____) Nikolaus Kopernikus (1473 – 1543) erkannte, dass die Erde um die Sonne kreist und nicht umgekehrt, veränderte sich das gesamte Weltbild.
- _____ (_____) ihr euch darüber im Klaren, dass die Sonne gigantische Ausmaße hat? Sie wiegt 300 000 Mal mehr als unsere Erde und unsere Erde würde 1 300 000 Mal in die Sonne hineinpassen.

Stadt/stadt und Stätte/statt unterscheiden

Nun musst du auf die unterschiedliche Bedeutung achten: Stätte/statt bedeutet Platz/Stelle; Stadt/stadt hingegen größerer Ort.

die Werkstatt, die letzte Ruhestätte, die Gaststätte, die Städtepartnerschaft, die Großstadt, der Stadtteil

Außerdem kann statt/anstatt sowohl Präposition (mit dem Genitiv) als auch Konjunktion sein.

Statt eines Gasgemisches besteht die Erde aus Metallen und Mineralien (Präposition mit dem Genitiv).

Statt ein riesiger Gasball zu sein, besteht die Erde aus Metallen und Mineralien. Anstatt dass die Erde ein riesiger Gasball ist, besteht sie aus Metallen und Mineralien (Konjunktion).

Es gibt noch einige Ausdrücke, in denen statt auftaucht.

an Kindes statt, an Eides statt, einen Besuch abstatten, jemanden bestatten, Bericht erstatten, einem Antrag stattgeben, stattfinden, stattlich, stattdessen

Schwierige Konsonanten

13 Setze die Wörter *statt*, *anstatt*, *Stätte* und *einen Besuch abstatten* ein.

- Unsere Erde gehört mit den Planeten Merkur und Venus zu den inneren Planeten.
  Dass unser Planet eine _____ des Lebens ist, liegt auch daran, dass er mit 150 Millionen km Entfernung einen optimalen Sonnenabstand hat.
- _____ wie Merkur Tagestemperaturen von 430 Grad Celsius und Nachttemperaturen von −180 Grad Celsius aufzuweisen, herrschen auf der Erde Temperaturen, die Leben ermöglichen.
- Die Erde besitzt eine dichte Atmosphäre aus Stickstoff und Sauerstoff, _____ wie die Venus von einer Atmosphäre umgeben zu sein, die fast ausschließlich aus dem Treibhausgas Kohlendioxid besteht.
- _____ der Lebensfeindlichkeit auf Venus und Merkur gibt es auf der Erde vielfältiges Leben.
- Einige Wissenschaftler nehmen an, dass Kleinstlebewesen aus dem Weltall auf die Erde gelangt sind. _____ dieser Theorie gibt es auch die Theorie, dass das Leben in der Tiefsee entstanden ist.
- Kein Astronaut wird Merkur oder Venus jemals einen _____ können.

14 Finde möglichst viele Wörter aus derselben Wortfamilie. Fallen dir keine Wörter ein, so schau im Wörterbuch nach.

Stadt/stadt: die Stadtgeschichte, die Stadtmauer, städtisch, _____

_____

_____

_____

_____

Stätte/statt: die Werkstatt, die Raststätte, _____

Der ks-Laut

ks sprechen – x, cks, chs, gs oder ks schreiben

Der ks-Laut wird als x, cks, chs, gs oder ks wiedergegeben. Gibt es in der Wortfamilie Wörter, die auf k, g oder ck enden, so schreibst du den ks-Laut entweder ks, gs oder cks.

der Streik   des Streiks
der Vormittag   vormittags
kleckern   der Klecks

Der Infinitiv der Verben verrät dir, ob die 2. Person Singular (du) ks, gs oder cks geschrieben wird.

denken   du denkst
sagen   du sagst
necken   du neckst

x schreibst du den ks-Laut nur in wenigen deutschen Wörtern, aber in vielen Fremdwörtern.

die Hexe, die Nixe, die Axt, kraxeln, das Lexikon, das Experiment, extrem, der Luxus, boxen

chs schreibst du den ks-Laut in Wörtern, die du nicht ableiten kannst.

der Fuchs, der Ochse, (ver)wechseln, wachsen, die Achse, die Achsel, sechs, das Wachs

Schwierige Konsonanten 35

15 Lies den Text zunächst laut und schreibe dann alle Wörter mit ks-Lauten auf die passenden Schreiblinien. Insgesamt sind es 25 verschiedene Wörter.

Fixsterne

Die Sterne, die wir am häufigsten beobachten, sind ferne Sonnen. Sie heißen Fixsterne. Der Begriff ist allerdings nicht wissenschaftlich exakt. Experten fanden heraus, dass die Fixsterne nicht an der Himmelskugel fixiert sind, sondern dass man ihre extrem langsame Bewegung lange mit Stillstand verwechselt hat. Selbst in einem Zeitraum von 1 000 Jahren ist ihre Eigenbewegung nicht bemerkbar, da Fixsterne in unvorstellbarer Entfernung zur Erde existieren. Auch zu dem uns nächsten Fixstern, *Proxima Centauri*, wäre unsere schnellste Raumsonde wenigstens 70 000 Jahre unterwegs. Du denkst wahrscheinlich auch, dass es kein Klacks war, dieses in Experimenten und schwierigsten wissenschaftlichen Berechnungen herauszufinden. Einigen Forschern sind da bestimmt graue Haare gewachsen.
Unsere Galaxie besitzt rund 200 Milliarden solcher Fixsterne, die immer dieselben Figuren und Muster, unsere Sternbilder, bilden.
Auch die alten Ägypter, Babylonier und Griechen, die bereits exzellente Astronomen waren, beobachteten die Sternbilder aufmerksam und benannten ihre wichtigsten nach Göttern, Helden oder Tieren.
Das auffälligste und berühmteste aller Sternbilder ist der Große Wagen/der Große Bär, der am Frühlingshimmel senkrecht über uns steht. Natürlich ist er nur abends und nicht tagsüber zu sehen.

Wenzel Hablik, Sternenhimmel, 1909

ks-Laut als chs geschrieben: verwechselt
ks-Laut als cks geschrieben:
ks-Laut als ks geschrieben:
ks-Laut als gs geschrieben:

Schwierige Konsonanten

ks-Laut als x geschrieben:

---

16 Der Fixstern *Proxima Centauri* wird von vielen Planeten und Monden umkreist. Sie enthalten eine Reihe von Fremdwörtern und anderen schwierigen Wörtern mit dem ks-Laut. Enschlüssele den Buchstabensalat auf den Planeten/Monden und schreibe die Wörter in alphabetischer Reihenfolge auf.

Schwierige Konsonanten 37

17 Musst du ks, gs, cks einsetzen? Vervollständige die Tabelle.

ks, gs oder cks?	Wortfamilienprobe	richtige Schreibweise
Du fän?t an.	anfangen	Du fängst an.
Du verste?t dich.		
der Farbkle?		
allerdin?		
am län?ten		
die Ausstellun?eröffnung		
mu?mäuschenstill		
unaufmer?am		
rin?herum		
nachmitta?		

18 Ergänze die ks-Laute. Schreibe den Text in der richtigen Schreibweise in dein Heft.

Kennst du die Sage, die sich um die Sternbilder des Großen und Kleinen Bären rankt?
Der Göttervater Zeus hatte sich in die e?trem hübsche Kallisto verliebt. Allerdin? blieb diese Liebesgeschichte nicht ohne Folgen und Kallisto gebar einen Sohn namens Arkas. Arkas wu? zu einem schla?igen Jüngling heran, der sich dennoch zu einem e?zellenten Jäger entwickelte. Als Hera, die e?travagante Gattin des Zeus, von der Liebesgeschichte und ?istenz Arkas erfuhr, e?plodierte sie innerlich. Ihr war klar, dass sie weni?tens eine kleine Genugtuung für die erlittene Schmach brauchte. Fei?end verwandelte sie Kallisto schnurstra? in eine Bärin. Arkas liebte es, in den Wäldern unterwe? zu sein, umherzukra?eln und zu jagen. Mu?mäuschenstill war es dort, als er die Bärin erblickte und sogleich seinen Pfeil anlegte, um sie zu erschießen.
Er konnte ja nicht ahnen, welche Verwe?lung ihm da beinahe passiert wäre. Zeus gelang es in letzter Sekunde, den Pfeil umzulenken. Wäre Zeus unaufmer?am gewesen, hätte Arkas seine eigene Mutter erschossen. „Verfli?t", dachte Zeus. Um Kallisto in Zukunft besser zu schützen, verwandelte er Arkas flu? in einen jungen Bären. Dann versetzte er Mutter und Sohn als Großen und Kleinen Bären an den Himmel. Die hellsten Sterne des Großen Bären bilden übrigens den Großen Wagen.

Schwierige Konsonanten

Teste dein Wissen 2

1. Ersetze die Fragezeichen durch den passenden Konsonanten. Schreibe die Texte dazu in der richtigen Schreibweise in dein Heft.

Die äußeren Planeten: Mars, Jupiter und Saturn

Der Mars

Mit einem Sonnenabstan? von 228 Millionen Kilometern ist der Mars der Erste der äußeren Planeten. So eine Sonnenferne ist beeindrucken? und doch ist sie die gerin?te der äußeren Planeten. Aufgrun? seiner Ober?läche, die ?iel Eisenoxid en?hält, erscheint der Mars rot gefär?t. So en?stan? auch sein Name: *Roter Planet.*
Da die Dreha?e des Mars e?was geki??t auf seiner Umlaufbahn steht, gi?t es dort Jahreszeiten. E?pertenteams beobachteten ?ereiste Polkappen, die währen? des Sommers fast we?tauen und im Winter erneut anwa?en.
O?wohl es ?or Jahrmilliarden große Flüsse gegeben haben muss, ergaben Bodenproben, dass auch der Mars ?öllig le?los ist. Er muss einst eine dichtere Atmos?äre gehabt haben. ?ielleicht gab es damals einfache Lebensformen.

Der Jupiter

Sei? der ?ysiker Galileo Galilei 1610 erstmals ein Telesko? zum Himmel richtete und die ?ier größten Jupitermonde en?deckte, ?asziniert dieser Gasriese aus flüssigem Wassersto?? die Astronomen. Galileo Galilei, ein Wissenschaftler, der außergewöhnl? und mut? war, le?te von 1564–1642.
Es e?istieren noch weitere 59 Jupitermonde. Die e?tremen Ausmaße des Jupiters sind für uns un?orstellbar: Er ist 300-mal so groß wie unsere Erde und dreimal schwerer als alle anderen Planeten zusammengenommen. Die En?fernung von der Sonne, die ungeheuerl? ist (778 Millionen Kilometer Sonnenabstan?), ist auch der Grun? dafür, dass bei seiner En?stehung die leichten Gase nicht we?gedam?t sind.

Der Saturn

Saturn, der zweitgrößte Plane? der unen?lichen Gala?ie, ist ebenfalls ein gigantischer Gasriese. Allerdin?s hat er vermutl? eine festen Gesteinskern. Das Auffälli?te ist sein Rin?system, das, bis 100 000 Kilometer wei? in den Wel?raum reichen?, aus Milliarden und Abermilliarden von Eis- und feinsten Stau?teilchen sowie Gesteinsbrocken besteht. Die Größe dieser Brocken ist sehr unterschiedl?: Sie reicht von Eiskristallen, die e?trem winz? sind, bis zur Größe eines Tennisballs. Aufsehenerregen? war der ?orbeiflu? der amerikanischen Raumsonden *Voyager 1* (1980) und *Voyager 2* (1981): ?otografien zei?ten, dass das Rin?system insgesam? e?wa 1000 unterschei?bare Einzelringe umfasst. O?wohl der Durchmesser dieses Rin?systems gewalt? ist, ist es mit einem Kilometer Dicke erstaunl? dünn.

Drei Ringe sind von der Erde aus deutl? erkennbar. Saturn hat weni?tens 46 Monde, Titan ist sein größter.

2 Lass dir den Text diktieren oder schreibe ihn als Laufdiktat.

Die inneren Planeten: Uranus, Neptun und Pluto

Der Uranus

Uranus ist der erste Planet, der 1781 mit dem Teleskop entdeckt wurde.
Er hat einen Kern, der felsig ist. Ihn umgibt eine Atmosphäre, die neben Helium und Wasserstoff Methan enthält. Unendlich weit von der Sonne entfernt liegend, schimmert Uranus grünbläulich, wofür das Methan verantwortlich ist. Seine Achse, die stark gekippt ist, verursacht die ungewöhnlichen Jahreszeiten des Planeten. Sein Südpolsommer dauert 42 Jahre.

Der Neptun

Neptun ist der erste Planet, dessen Existenz aufgrund schwierigster mathematischer Berechnungen nachgewiesen wurde, bevor er 1846 durch das Teleskop entdeckt wurde. Eigentlich ist es ein Glücksfall, dass es Umlaufbahnstörungen bei Uranus gab. Denn nur so wurden diese mathematischen Berechnungen möglich. Auch Neptun ist ein Gasplanet ohne feste Oberfläche, für dessen blaue Färbung seine Methan enthaltende Atmosphäre verantwortlich ist. Er verdankt seinen Namen dem römischen Meeresgott.

Der Pluto

Entsprechend der im August 2006 verabschiedeten Definition für Planeten ist Pluto der erste Planet, der kein Planet mehr ist. Ungültig ist folglich auch der Merksatz: *Mein Vater erklärt mir jeden Sonntag unsere neun Planeten.* Ein neuer Vorschlag lautet stattdessen: *Mein Vater erklärt mir jeden Sonntag unsere Nachbarplaneten.*

Schwierige Konsonanten

 Haltestelle

Schwierige Konsonanten

1 Der f-Laut wird als f, v, pf und ph wiedergeben.
In den meisten Wörtern schreibst du den f-Laut f.

die Ferien, die Forderung, der Frühling, folgen, fortfahren, flink, fett

2 Nach dem Konsonanten n schreibst du den f-Laut immer f.

die Vernunft, vernünftig, die Zukunft, die Einkünfte, die Auskunft, die Handwerkerzunft

3 Der f-Laut und der pf-Laut klingen fast gleich und es gibt keine Regel, um sie zu unterscheiden.

die Pflaume, das Pfand, die Pflicht, der Pfannkuchen, pflücken, pfeifen, pfiffig, der Flur, das Fieber, finden, frieren, fröhlich

Sprichst du das p und das f im Wortinneren deutlich voneinander getrennt aus, so hilft dir das, die beiden Laute nicht zu verwechseln.

der Apfel, der Schnupfen, klopfen, hüpfen, stopfen, das Zäpfchen, tapfer

4 Nach dem Konsonanten m schreibst du immer pf.

der Strumpf, der Krampf, dumpf, impfen, schimpfen, schrumpfen, stampfen, dampfen

5 In Fremdwörtern wird der f-Laut häufig als ph wiedergegeben.

die Katastrophe, der Asphalt, die Atmosphäre, triumphieren, das Phantom, die Strophe

6 Hörst du die Vorsilben ver- und vor-, so schreibst du immer ein v. Vorsilben folgt meist ein eigenständiges Wort.

vertauschen, verhandeln, vorlesen, der Vorredner, die Verhaftung, die Vorsicht

7 Verlängerst du die Wörter, die am Wortende/Silbenende auf b/p, d/t, g/k enden, so hörst du sofort, ob der Laut b, d, g oder p, t, k geschrieben wird.

Schwierige Konsonanten

Dies gilt auch für die Adjektivendungen -ig und -lich.

er lobt	loben
plump	plumper
es piept	piepen
der Berg	die Berge
stark	stärker
das Heft	die Hefte
das Band	die Bänder

8 Der Wortbaustein end hat entweder etwas mit Ende/Schluss zu tun oder die Aufgabe, das Partizip I/Partizip Präsens zu bilden.

endlich, endgültig, beenden, faszinierend, verblüffend, aufregend

Die Vorsilbe ent hat nichts mit der Bedeutung Ende/Schluss zu tun. Sie gibt oftmals an, dass sich etwas verändert oder hat die Bedeutung weg.

die Enttäuschung, die Entschädigung, entstehen, entwarnen, entschärfen, sich entschließen, entführen

9 Der ks-Laut wird als x, cks, chs, gs oder ks wiedergegeben. Gibt es in der Wortfamilie Wörter, die auf k, g oder ck enden, so schreibst du den ks-Laut entweder ks, gs oder cks.

das Werk	des Werks
der Nachmittag	nachmittags
knicksen	der Knicks

x schreibst du den ks-Laut nur in wenigen deutschen Wörtern, aber in vielen Fremdwörtern, chs nur in wenigen nicht ableitbaren Wörtern.

die Hexe, die Nixe, die Axt, das Lexikon, das Experiment, extrem, der Luxus, boxen, der Fuchs, die Verwechslung

Konsonanten nach kurz ausgesprochenen, betonten Vokalen

Konsonanten verdoppeln

Hörst du nach einem kurz ausgesprochenen, betonten Vokal nur einen Konsonanten, wird dieser meist verdoppelt.

der Ball, die Lippen, das Schiff, rennen, hell

Diese Verdopplung der Konsonanten bleibt in allen verwandten Wörtern bestehen.

schwimmen, das Schwimmbad, du schwimmst

1 Suche in dem Gedicht alle Wörter, die einen doppelten Konsonanten enthalten, und markiere den kurzen Vokal vor dem Doppelkonsonanten mit einem farbigen Punkt.

Karl Riha

fußball mit ballfuß

pfiff
anpfiff
und spitz stößt an
innenrist stoppt
flankt aus dem stand
flankt zu absatz
und absatz spreizt, passt
und passt zu kappe
kappe weiter zu lasche
lasche hält die sohle drauf
und kickt zurück
zurück zu stollen
stollen vertändelt
verzögert, stolpert
schnürsenkel fährt dazwischen
außenriss steigt in die luft
volley zieht ab
und stiefel – stiefel – pfiffe
hängt hilflos zwischen den pfosten

Konsonanten nach kurz ausgesprochenen, betonten Vokalen

2 Schreibe das Gedicht noch einmal mit der richtigen Groß- und Kleinschreibung in dein Heft.

3 Der folgende Text ist der Beginn des Romans „Keeper", der die Geschichte des besten Torwarts der Welt erzählt. Vervollständige die Wörter, indem du die fehlenden Doppelkonsonanten einsetzt.

Mal Peet

El Gato: Der beste Torwart der Welt

In einer Zeitungsredaktion sitzen sich zwei Männer gegenüber: Paul Faustino, Südamerikas bekanntester Sportjournalist, und El Gato, die „Katze" – der beste Torwart der Welt. Nur wenige Tage zuvor ist er mit seiner Mannschaft Weltmeister geworden. Es wird eine lange Nacht, denn in den folgenden Stunden erzählt El Gato seine Geschichte. Er erzählt vom Aufwachsen in einer kleinen Holzfällersiedlung mitten im Urwald, von seiner Entdeckung als Torwart, vom tragischen Tod des Vaters und von dem geheimnisvollen Keeper, dem er alles verdankt …

Klar, wir waren a____e fußba____ verrückt. Dabei waren nicht nur wir Kinder bese____en vom Fußba____. Die ganze Stadt war es. In dem Café gab es einen Fernseher und davor versa____elten sich a____e, um die großen Spiele zu sehen. Die Wände hingen vo____ mit Postern und Fotos – mit unseren Spielern, mit deutschen, spanischen und englischen Spielern, mit berühmten Spielern und Ma____schaften aus der Vergangenheit. (…)

Ich ko____te nicht spielen. Die anderen Jungs ko____ten to____e Sachen mit dem Ba____ machen. Ihn mit dem Spa____ aus der Luft holen. Ihn beim Re____en mit dem Kopf in der Luft halten, mit Fa____rückzieher Tore schießen, solche Sachen. So was ko____te ich nicht.

We____ der Ball zu mir kam – was nicht oft pa____ierte, dafür sorgten schon die anderen, blieb er mir ständig zwischen den Knöcheln hängen oder sprang mir vom Knie weg. Ich war leicht aus dem Gleichgewicht zu bringen – ein kleiner Rempler von einem kleineren Jungen und ich taumelte herum wie eine beso____ene Ziege. Ich war zu groß. Ich ha____e lange, dü____e Arme und Beine und große, ungeschickte Hände. Sie na____ten mich La Cigüeña – der Storch.

44 Konsonanten nach kurz ausgesprochenen, betonten Vokalen

Faustino war ein wenig verblü____t. „Aber du hast doch sicher im Tor gestanden?"

„Nein, das ist mir nicht in den Si____ geko____en. Ich träumte davon, Stürmer zu sein und perfekte Schü____e reinzuhä_____ern ..."

4 Finde verwandte Wörter. Nimm ein Wörterbuch zu Hilfe, wenn dir keine Wörter mehr einfallen.
- <u>die Hoffnung, du hoffst, er hofft, hoffentlich, hoffen, hoffnungslos, der Hoffnungsschimmer</u>
- der Ball ____
- schwimmen ____
- die Stimme ____
- rennen ____
- paddeln ____
- der Himmel ____

k und z nach einem kurz ausgesprochenen, betonten Vokal

Die Buchstaben k und z verdoppelst du in Wörtern aus der deutschen Sprache nach einem kurz ausgesprochenen Vokal nicht. Du schreibst nicht zz, sondern tz und nicht kk, sondern ck.

der Witz, die Pfütze, plötzlich, der Zucker, entdecken, zurück

Nur in einigen Fremdwörtern werden das z und das k nach einem kurzen, betonten Vokal verdoppelt.

Pizza, Skizze, Akkord, Mokka

Konsonanten nach kurz ausgesprochenen, betonten Vokalen 45

5 Welche tz-Wörter lassen sich mit dieser Wörterblume bilden? Schreibe die Nomen/Substantive immer mit ihrem Artikel auf.

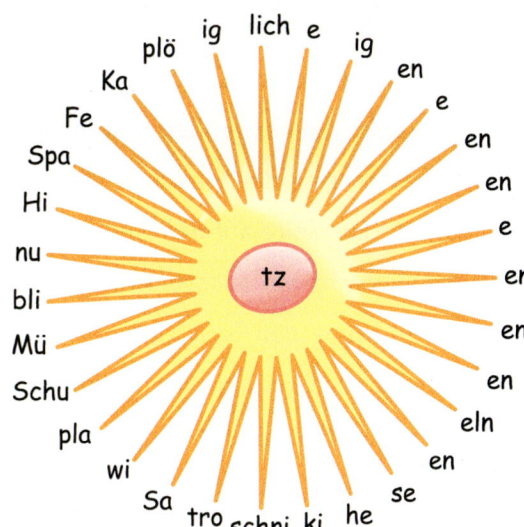

6 Bilde Reimwörter.

(der) Schütze, _____

(der) Nutzen, _____

(der) Fetzen, _____

7 Unterstreiche alle ck-Wörter und schreibe sie anschließend heraus.

Der Jaguar

El Gato trainiert jeden Tag mit dem Keeper im Wald. Dabei gebraucht sein Trainer ungewöhnliche Methoden. Um El Gato zu zeigen, wie wichtig Körperbeherrschung ist, bringt er eines Tages einen Jaguar mit zum Training.

Der Keeper zockelte so ruhig neben dem gefleckten Jaguar her, als führe er seinen Hund im Stadtpark aus. Glücklicherweise blieb er fünfzehn Meter entfernt von mir stehen. Der Jaguar aber kam mit lockerem Gang auf mich zu. Ich spürte seinen gelben Blick auf mir. Dann sah ich, wie seine Ohren plötzlich zuckten.

„Jetzt", sagte der Keeper leise.

Ich entdeckte Kopf und Schultern eines Tieres. Eine unheilvolle Macht musste diesen Hirsch hierher gelockt haben, wo etwas Schreckliches auf ihn wartete. Der Jaguar lag jetzt geduckt auf der Erde. Seine Ohren waren an den Schädel gedrückt. Seine großen Hinterbacken waren angespannt. Mit ruckartigen Schritten ging der Hirsch weiter in sein Verderben. Ich schluckte nervös und blickte zur Seite auf den Keeper. Auch er beobachtete diesen Totentanz, doch sein Gesicht war ausdruckslos. Der Jaguar trat behutsam hinter dem Hirsch auf die Lichtung, den Bauch auf der Erde, den Schwanz hin und her zuckend. Dann streckte er sich, die Hinterbeine spannten sich zum Sprung. Mit seinen Krallen packte er den Hirsch mitten im Flug und brachte ihn zu Fall. Dann tötete der Jaguar den zappelnden Hirsch, indem er ihm die Luftröhre abdrückte. Schließlich packte er den Hals und zerrte den Kadaver in das Dunkle des Waldes.

8 In dem Buchstabenquadrat sind einige Fremdwörter versteckt, die mit zz und mit kk geschrieben werden. Markiere sie bunt. Schreibe anschließend jeweils einen Satz in dein Heft, in dem du das jeweilige Fremdwort erklärst.

P	I	Z	Z	A	B	D	K	S	K	I	Z	Z	E	L
A	K	K	L	I	M	A	T	I	S	I	E	R	E	N
M	P	M	N	O	P	T	R	A	Z	Z	U	M	E	N
E	A	I	A	B	C	U	A	D	A	K	K	U	E	F
Z	M	R	K	L	M	N	Z	O	M	O	B	A	J	K
Z	A	F	K	K	P	Q	Z	Z	N	U	R	B	A	H
O	K	G	O	Z	O	Z	I	D	L	L	O	D	Z	A
S	K	T	R	A	U	L	A	B	O	E	K	K	Z	K
O	A	P	D	K	L	M	O	N	Z	P	K	M	M	K
P	R	S	A	K	K	O	B	F	Z	Q	O	Z	U	U
R	O	T	R	W	K	K	I	O	L	R	L	Z	S	S
A	N	A	B	K	K	I	E	R	E	Ö	I	I	I	A
N	I	Z	E	Z	A	K	K	U	R	A	T	E	K	T
A	M	T	I	S	S	L	N	M	K	V	W	E	Q	I
H	F	G	T	T	A	K	K	O	R	D	E	O	N	V

Konsonanten nach kurz ausgesprochenen, betonten Vokalen 47

9 Kennst du weitere Wörter, die mit ck geschrieben werden? Nimm dir vier Minuten Zeit und schreibe alle Wörter mit ck auf, die dir einfallen.

Verschiedene Konsonanten nach einem kurz ausgesprochenen, betonten Vokal

Hörst du nach einem kurz ausgesprochenen, betonten Vokal zwei oder mehrere verschiedene Konsonanten, werden diese meist nicht verdoppelt.

die W**elt**, der St**ift**, b**unt**, t**anz**en

10 In den folgenden Wörtern sind die Buchstaben völlig durcheinandergeraten. Finde die richtigen Wörter heraus und unterstreiche die Konsonanten, die nach dem kurzen Vokal folgen. Ergänze bei den Nomen/Substantiven immer den Artikel.

Mtnela

mNveboer

Innreet

lkBona

sneing

Gdlo

tteens

wlokgi

ndaH

Shnrack

hcenksen

glsuti

Ktnzoer

Ctopmuer

Konsonanten nach kurz ausgesprochenen, betonten Vokalen

11 Schreibe den Text noch einmal neu ab. Dabei musst du gut aufpassen. Überlege, ob du in die Lücken einen Konsonanten eintragen musst, der verdoppelt wird, oder ob zwei verschiedene Konsonanten eingetragen werden müssen.

Der Keeper

El Gato trifft zum ersten Mal auf den geheimnisvollen Keeper, der ihn zum besten Torwart der Welt machen wird. Auf seinen Streifzügen durch den Wald macht El Gato merkwürdige Entdeckungen …

Dann schaute ich nach rechts. Und ersta___te. Dort sta___d, mit der Rü___seite zu den Bäumen, ein Tor. Ein Fußba___tor. Zwei Pfo___ten und eine La___e. Mit Ne___. (…)

Es schien eine Ewigkeit, mein ga___zes Leben zu dauern, bis ich das Tor erreichte. Als ich dort war, stre___te ich die Hä___de aus und fasste das Ne___ an. Es war fe___t und in einem guten Zustand, trotz seines hohen A___ters. Ich war vollko___en baff und sta___d nur so da, die Finger in den Maschen, mit dem Rü___en zur Lichtung, und versuchte vergebens, mir einen Reim darauf zu machen. Auf einmal war ich mir sicher, dass ich nicht a___ein war. Ich zwa___g mich, mich umzudrehen. (…)

Es war ein Torhüter, aber solche Sachen, wie er sie trug, ha___e ich noch nie gesehen. Er trug einen hochgeschlossenen Stri___pulli. Grün, wie der Wa___d. Und la___ge Schorts aus schwerer Baumwo___e. Er trug eine a___tmodische Schlägermü___e mit einem großen Schi___d. Unterm li___ken Arm hatte er einen Fußball aus Leder, mit so einem Ba___steinmuster.

Da sta___den wir also und fixierten einander. Ich zi___erte wie ein Bla___ im Regen. Der Keeper sprach, und das jagte mir erst richtig A___gst ein. Und er sagte Folgendes: „Da. Dein Pla___. Da gehörst du hin."

Konsonanten nach kurz ausgesprochenen, betonten Vokalen

Teste dein Wissen 3

1 Lass dir den folgenden Text diktieren.

Eine kleine Fußballgeschichte

- Der erste Ball rollte schon vor rund 3000 Jahren in China. Von den Regeln des chinesischen Fußballs ist nicht mehr viel bekannt. Man weiß nur, dass die Bälle zum Teil auch schon aus Leder waren, aber sie waren mit Federn gefüllt. Der Ball musste in ein etwa 40 cm großes Netz befördert werden. Das verlangte viel Geschicklichkeit und Ballgefühl. Wahrscheinlich diente das Spiel als militärisches Ausbildungsprogramm. Es geriet in China aber recht schnell wieder in Vergessenheit.

- Im Mittelalter soll es die ersten Fußballspiele vor allem in England, Frankreich und Italien gegeben haben. Diese Spiele hatten aber noch nichts mit dem Regelwerk zu tun, wie wir es heute kennen. In England spielten immer zwei benachbarte Dörfer oder Sippen gegeneinander. Sinn des Spiels war es, den Ball in das gegnerische Stadttor zu befördern; dabei war fast jedes Mittel erlaubt. Entsprechend ruppig ging es bei den Spielen zu, oft kam es zu schlimmen Verletzungen. Deshalb wurde das Spiel immer wieder verboten.

- England gilt als Mutterland des modernen Fußballs. Denn 1846 verfassten Studenten der Universität Cambridge die ersten Fußballregeln. Danach bestand jede Mannschaft aus fünfzehn bis zwanzig Spielern. Die Spieler mussten Mützen tragen und ihre Hosen mussten die Knie bedecken. Die Regeln wurden ständig weiterentwickelt. So wurde 1870 beschlossen, dass jedes Team nur aus elf Spielern bestehen darf, 1871 wurde das Handspiel verboten und 1890 beschloss man, dass die Tore mit Netzen auszustatten sind.

2 Lass dir den Text diktieren.

Frauenfußball

Lange galt Fußball als eine Sportart, die nur für Jungen und Männer interessant ist. Mittlerweile aber haben sich Frauen und Mädchen ihren Platz auf dem Spielfeld zurückerobert. Im 19. Jahrhundert war es in Frankreich und England nichts Ungewöhnliches, dass Frauen Fußball spielten. Um den Anstand zu wahren, trugen die englischen Fußballerinnen allerdings ein Röckchen über ihren Knickerbockern. Erst zu Beginn des 20. Jahrhunderts begann man die kickenden Frauen vom Fußballplatz zu verbannen. Plötzlich galt dieser Sport als unpassend für Mädchen. Besonders in Deutschland musste der Frauenfußball manche Hürde überspringen. 1955 verbot der Deutsche Fußballbund seinen Mitgliedsvereinen, Spiele von Frauenteams zuzulassen. Die Entwicklung des Frauenfußballs konnte dennoch nicht aufgehalten werden. Die Frauen setzten sich über das Verbot hinweg, 1970 hob der DFB das Spielverbot für Frauenmannschaften wieder auf. Schritt für Schritt entwickelte sich der Frauenfußball zu einer Erfolgsgeschichte: Mehrmals wurden die deutschen Frauen Europameisterinnen, 2003 und 2007 erspielten sie den Weltmeistertitel. Mit den Siegen stieg auch das Ansehen der Kickerinnen in der Öffentlichkeit. Wir sind allerdings noch nicht so weit wie in den USA: Dort ist Frauenfußball sogar beliebter als Männerfußball.

Haltestelle

Kurz ausgesprochene, betonte Vokale

1 Sprichst du einen Vokal kurz aus, gibt es zwei unterschiedliche Schreibweisen:
Hörst du nur einen Konsonanten, wird dieser meist verdoppelt.

rennen, die Puppe, hoffen

Diese Konsonantenverdopplung bleibt in allen Wörtern der Wortfamilie bestehen.

du rennst, der Puppenwagen, hoffentlich

2 Hörst du aber zwei oder mehrere Konsonanten, verdoppelst du diese nicht.

der Hund, der Mantel, das Gespenst

3 Die Buchstaben k und z werden nach einem kurz ausgesprochenen, betonten Vokal zumeist nicht verdoppelt. Du schreibst nicht zz, sondern tz und nicht kk, sondern ck.

die Katze, die Mütze, dreckig, der Blick

4 In einigen Fremdwörtern werden das z und das k nach einem kurzen, betonten Vokal verdoppelt.

Puzzle, Jazzmusik, Makkaroni, Brokkoli

Lang ausgesprochene, betonte Vokale

Lang ausgesprochene, betonte Vokale ohne Dehnungszeichen

Die meisten Wörter mit einem lang ausgesprochenen Vokal schreibst du mit einem einfachen Vokal. Dies gilt für die Vokale a, e, o und u sowie für die Umlaute ä, ö und ü.

der Vater, der Regen, toben, rufen, die Säge, erröten, die Flöte, lügen

Auch die Doppellaute (Diphthonge) au, äu, eu, ei, ai werden immer lang ausgesprochen.

sich trauen, träumen, die Neuigkeit, fein, der Hai

1 Der folgende Text ist ein Auszug aus einem von Ben Faridi geschriebenen Jugendbuch. Es heißt „Aber Aisha ist doch nicht euer Eigentum!".
In diesem Text fehlen die meisten der lang ausgesprochenen Vokale, Doppellaute und Umlaute. Ergänze sie.

Ben Faridi

Zum ersten Mal verliebt

„Alex, s__ nicht s__ schüchtern", s__gte m__ne __rgr__ßtante Amalia manchm__l z__ mir. Und sie hatte recht: Ich w__r schüchtern und hätte niemals ein M__dchen b__ uns angesprochen. Sch__n g__r nicht Aisha. Aber __gentlich finde ich, dass man als 15-Jähriger nicht mehr s__ schüchtern sein sollte. Trotzd__m, ich konnte nicht einfach zu Aisha gehen und s__gen: „D__ siehst s__per __s. Ich w__rde dich gerne kennenlernen." S__ etwas kann ich nicht.

Wenn man j__manden wirklich toll findet, dann geht das irgendwie nicht. J__denfalls nicht b__ mir. Also spr__ch ich Aisha nicht an, sondern betrachtete sie einfach von W__tem. Das ging in den letzten zw__ Jahren __gentlich ganz g__t. In diesem Sch__ljahr w__rde alles anders. Die Sommerf__rien l__gen recht früh und die Sch__le begann noch mitten im

Lang ausgesprochene, betonte Vokale

Sommer. (...) Und dann ging Aisha an mir vorb__ und ich w__rde vom Blitz getroffen. Bumm. Ich w__ß __ch nicht, wie ich das sonst beschr__ben sollte ...

Lang ausgesprochene, betonte Vokale mit Dehnungs-h

Den lang ausgesprochenen Vokalen und Umlauten kann jedoch auch ein nicht hörbares h folgen. Du findest es oft vor den Konsonanten l, m, n und r. Dieses h nennt man Dehnungs-h.

der Rahmen, die Mähne, fehlen, das Fohlen, die Röhre, die Uhr, die Gebühren, fühlen

2 Der hl-Magnet, der hm-Magnet, der hn-Magnet und der hr-Magnet ziehen Wortreste an. Entschlüssele die richtigen Wörter und ordne sie in die Tabelle ein. Vergiss nicht, bei den Nomen/Substantiven den Artikel (der, die, das) zu ergänzen.

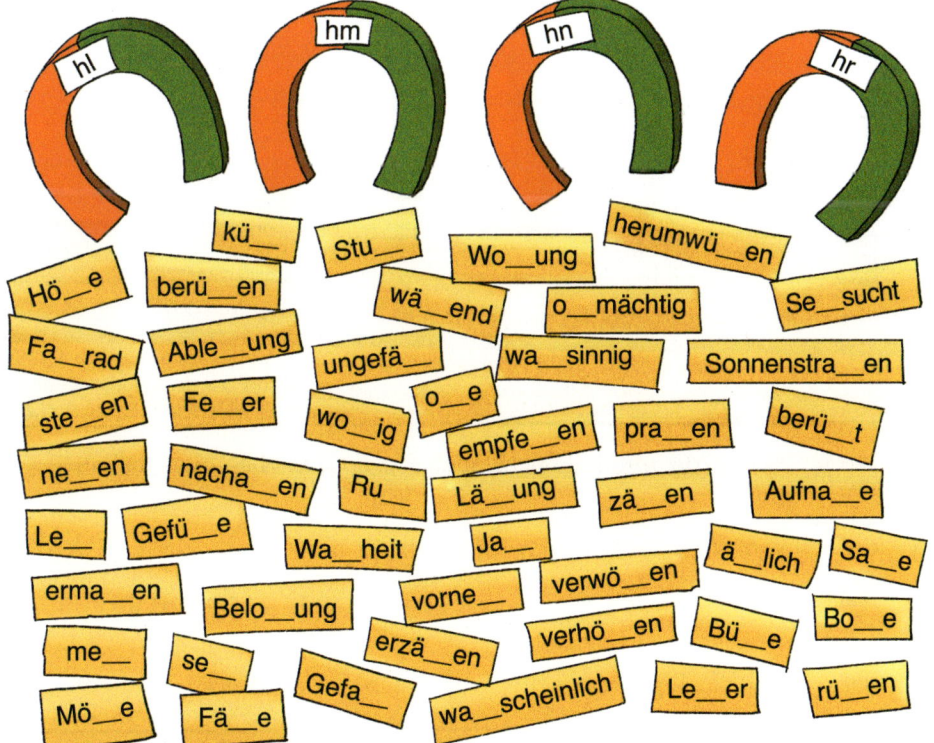

Lang ausgesprochene, betonte Vokale

Wörter mit einem hl	Wörter mit einem hr	Wörter mit einem hm	Wörter mit einem hn
die Höhle,	mehr,	berühmt,	ohne,

Ausnahmen beim Dehnungs-h

Wörter/Silben, die mit den Buchstaben sch, qu und t beginnen, haben selten ein Dehnungs-h.

der Schwan, schwül, der Thron, quälen, bequem

Auch die Wortbausteine -tum, -sam, -bar, -sal, und -ur schreibst du ohne Dehnungs-h.

der Urwald, das Eigentum, seltsam, wunderbar, das Schicksal

Lang ausgesprochene, betonte Vokale

3 Hier sind die Wortbausteine -ur, -tum, -sam, -bar, -sal abgeschnitten worden. Füge die Wortbausteine und Wortstämme wieder zusammen. Schreibe die Wörter auf und kreise -ur, -tum, -sam, -bar, -sal in deiner Lieblingsfarbe ein.

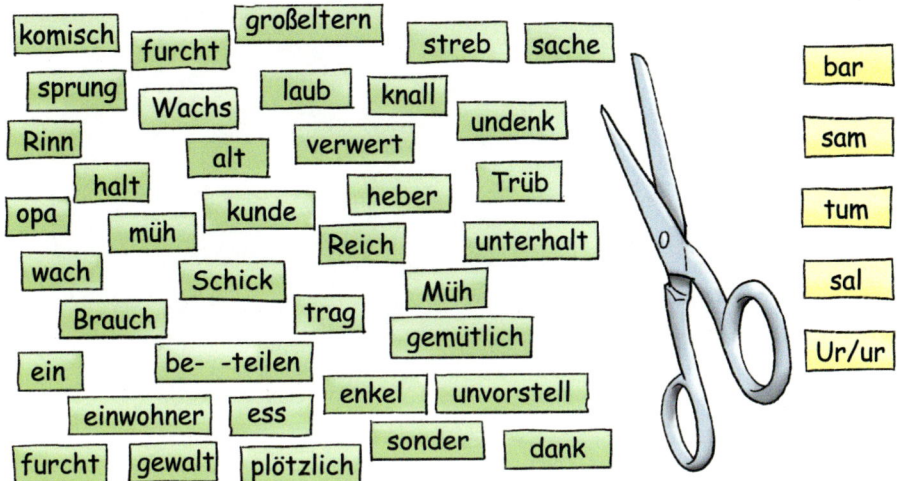

4 In dem Wörterversteck sind waagerecht, senkrecht und diagonal 17 Wörter, die mit den Buchstaben sch, qu und t beginnen, versteckt. Schreibe sie in dein Heft. Vergiss nicht, den Artikel (der, die, das) bei den Nomen/Substantiven zu ergänzen.

Q	U	A	L	I	F	I	K	A	T	I	O	N	U	T
U	U	Ü	B	E	R	Q	U	E	R	E	N	P	N	Ü
E	A	E	D	R	S	S	C	H	U	L	E	C	O	R
R	Q	M	R	U	E	C	H	T	M	A	V	H	B	E
L	U	N	A	F	S	H	H	S	M	S	A	S	E	N
E	A	E	L	E	O	A	E	A	C	C	C	E	Q	D
S	L	I	S	N	N	R	L	N	M	H	T	N	U	U
E	I	S	T	C	U	E	M	R	M	N	O	E	E	T
N	T	T	E	I	H	N	Ö	A	I	U	L	N	M	U
M	Ä	R	E	N	R	W	L	B	T	R	Y	G	O	N
L	T	A	T	O	R	E	E	A	E	U	T	L	F	F
G	I	F	R	Ö	I	I	N	R	T	P	K	O	F	I
O	N	G	Ä	S	N	S	T	T	E	A	A	M	R	S
R	U	T	N	E	A	E	E	I	R	Z	L	M	O	C
T	Q	U	E	R	F	E	L	D	E	I	N	E	L	H

56 Lang ausgesprochene, betonte Vokale

5 Die Wörterschnecke enthält wichtige Ausnahmen von der l-, m-, n-, r-Regel, die oft falsch geschrieben werden. Finde sie und ordne sie alphabetisch.

_____
_____
_____
_____
_____
_____
_____
_____

6 In den beiden folgenden Texten lernst du die Geschichte von Aisha und Alex kennen. Ersetze die Fragezeichen, indem du das Wort noch einmal richtig auf die Linie schreibst. Die Texte enthalten sehr viele Wörter mit Dehnungs-h, aber auch Ausnahmewörter, die du bereits geübt hast.

Ben Faridi

Eine heimliche Liebe

Als der 15-_____ (j?rige) Alex Aisha zum ersten Mal sieht, verliebt er sich in die _____ (sch?ne) Türkin. Hätte er damals _____ (sch?n) gewusst, wie schwierig so eine Liebe zwischen zwei Kulturen sein kann, wer weiß, ob er Aisha ins Kino eingeladen hätte. Aisha _____ (l?nt) die Einladung jedoch ab und _____ (erz?lt) Alex, dass ihre Eltern strenge Moslems seien, für die es _____ (undenkb?r) sei, dass ihre Tochter mit einem Jungen ausgehe. Für Alex ist es _____ (n?r) _____ (schw?r) _____ (vorstellb?r), dass Religion so _____ (bedeuts?m) sein kann. Es kann doch nicht _____ (verk?rt) sein, dass man _____ (j?manden) _____ (s?hr) mag.

Niemand darf _____ (erf?ren), dass die beiden sich nun heimlich treffen. Eine _____ (Ausn?me) sind da nur Leila, Aishas beste Freundin, und Mehti, Alex' bester Freund. Auf die beiden können sie felsenfest _____ (z?len). _____ (Obw?l) Alex und Aisha wissen, dass ihre Treffen nicht _____ (ungef?rlich) sind und sie deswegen extrem _____ (wachs?m) sind, fliegt ihre Geschichte auf. Aisha wird unter Dauerbewachung gestellt. Wie ihre Freundin Leila muss sie nun ein Kopftuch tragen und darf außerhalb der _____ (W?nung) keinen Schritt _____ (m?r) allein _____ (t?n). Gegen die Autorität ihres Vaters kann sie sich nicht _____ (w?ren): Sie _____ (f?lt) _____ (n?r) _____ (?nmächtige) Wut. Wie _____ (gel?mt) gehorcht sie den _____ (Bef?len) ihren Vaters. Sie _____ (sp?rt) den _____ (zun?menden) Ernst ihrer Lage, da ihr Vater bereits seinen Bruder in der Türkei kontaktiert hat. Alex hat _____ (w?nsinnige) Angst um Aisha und weiß, dass er _____ (?ne) sie nicht _____ (m?r) leben möchte. In sei-

Lang ausgesprochene, betonte Vokale

nen _____ (dr?nenden) Kopf brennt sich der Gedanke ein, einfach mit Aisha abzuhauen ...

7 Schreibe den Text richtig in dein Heft.

Ein *Happy End* für Alex und Aisha

Die sorgs?m gepl?nte Flucht, die die beiden nach Thionville, zu Alex' ?rgroßtante Amalia f?rt, endet jäh mit einer Großf?ndung der Polizei. Aishas Eltern, für die diese Flucht eine Ent?rung der Familie bedeutet, haben Alex der Entf?rung bezichtigt. Wieder zu Hause spitzt sich die Lage dramatisch zu.
Alex f?lt eine selts?me Bedrohung, als Aisha nach der Sch?le von ihrer Mutter, die sie tr?nenüberstr?mt umarmt, abgeh?lt wird. Irgendwie liegt etwas Furchtb?res in der Luft. Als Mehti und Alex vor dem Hochhaus, in dem Aisha w?nt, ankommen, h?ren sie laute Schreie. Sie folgen den Schreien und sehen eine gefesselte Aisha, die mit einem Messer an der K?le bedroht wird.
Es gelingt ihnen, Aisha unverletzt zu befreien. Der durch einen k?nen Schlag Mehtis ?nmächtig gewordene Mann wird kurz darauf von der Polizei verh?rt. Man erf?rt, dass er ein Cousin zweiten Grades von Aishas Vater ist, der – ihr ?nt es w?rscheinlich bereits – Aisha umbringen sollte, um die Familien?re zu bew?ren. Aishas Vater wird verhaftet und Alex und Aisha dürfen n?n endlich ein Paar sein.

Vokale verdoppeln

In einigen Wörtern verdoppelst du die Vokale a, e und o.

die Haare, das Ehepaar, die Haarspange, die Leere, der Leerlauf, das Beet, das Meer, das Boot, der Zoo

Lang ausgesprochene, betonte Vokale

8 Löse das Silbenrätsel, indem du die Kärtchen mit derselben Farbe zu einem Wort zusammensetzt. Schreibe den Artikel (der, die, das) vor die Nomen/Substantive.

Das lang ausgesprochene i

Du schreibst den lang ausgesprochenen Vokal i meistens ie.

niemand, liegen, frieren, das Spiel, die Liebe, tief, viel, schief

Es gibt jedoch einige Ausnahmen:

dir, mir, wir, du gibst/er gibt, die Bibel, der Biber, die Brise, das Klima, der Igel, die Nische, die Klinik, die Krise, der Tiger, das Kino, das Risiko, die Mimik

Das lang ausgesprochene i schreibst du nur in den folgenden Pronomen ih:

ihr, ihre, ihren, ihrem, ihrer, ihm, ihn und ihnen

Das lang ausgesprochene i wird nur in den folgenden Wörtern sowie aus ihnen ableitbaren Zusammensetzungen ieh geschrieben.

das Vieh, fliehen, ziehen, wiehern, der Viehbestand, die Erziehung, das Gewieher

Lang ausgesprochene, betonte Vokale

9 Jean-Paul Nozière erzählt in seinem Jugendroman *Total verrückt* eindringlich, aber auch sehr komisch von dem Leben einer arabischen Migrantenfamilie in Frankreich. Die Hauptfigur seines Romans heißt Aïcha. In diesem Text fehlt das lang ausgesprochene i. Ergänze es, indem du das Wort richtig auf die Linie schreibst.

Die Familie Djemaï

Seit acht Jahren lebt _____ (d?) _____ (v?rzehnjährige) Aïcha mit _____ (?rer) Familie in Sponge, in der Nähe der französischen Stadt Dijon. Für _____ (?re) Mutter Zohra, _____ (d?) _____ (?r) Geld als Hausmeisterin an einer Schule _____ (verd?nt), ist Frankreich ein _____ (Parad?s). _____ (S?) _____ (l?bt) _____ (d?) französische Sprache und Kultur _____ (w?) auch das milde _____ (Kl?ma). Nach Algerien, aus dem _____ (s?) mit _____ (?ren) beiden Kindern _____ (fl?en) musste, möchte _____ (s?) _____ (n?mals) _____ (w?der) zurück. Aïchas Vater Kemal, der eigentlich ein _____ (pr?ma) Kerl ist, _____ (sp?lt) im Familienleben keine große Rolle: Nach der anstrengenden Schichtarbeit in einer Fabrik _____ (gen?ßt) er seine Ruhe und kümmert sich nur wenig um die _____ (Erz?hung) seiner Kinder. _____ (Schl?ßlich) _____ (g?bt) es noch den _____ (z?mlich) _____ (schw?rigen) Bruder Mouloud. Der _____ (S?bzehnjährige) ist schulunfähig und lebt in seiner eigenen Welt. Mal ist er der _____ (n?dliche) Hund Struppi, mal der _____ (s?gesgewiss) dreinblickende Oliver Kahn oder auch der _____ (verl?bte) Ehemann eines _____ (z?rlichen) Models, dessen Bild er aus einem Katalog ausgeschnitten hat.

Da Aïcha unter epileptischen Anfällen leidet, ist auch _____ (s?) vom Schulbesuch befreit.

Aïcha kümmert sich _____ (l?bevoll) um ihren Bruder, der

Lang ausgesprochene, betonte Vokale 61

natürlich überall aneckt. _____(Verl?rt) _____(s?)
_____(d?) Geduld mit Mouloud, so bekommt _____(d?ser) eine
_____(R?senkr?se) und wird richtig _____(f?s).
Außerdem vertritt Aïcha _____(d?) Mutter in _____(?rer) Hausmeisterloge und öffnet _____(neug?rig) _____(d?)
Post. _____(S?) _____(l?st) _____(v?le) Ausländerfeindlichkeiten, _____(d?) sich auch gegen
_____(?re) eigene Familie richten und hat
nur ein _____(Z?l) vor Augen. _____
(S?) will es allen zeigen und mit _____(?ren)
_____(v?rzehn) Jahren zu den
jüngsten Abiturientinnen Frankreichs gehören.
Aïcha erreicht _____(d?ses) _____
(Z?l) mit zwei weiteren hochbegabten Jugendlichen.

Die Fremdwortendungen -ie, -ier, -ieren, -in/-ine, -iv/-ive, iz und -il

-ie, -ier, -in/-ine, -iv/-ive, -il und -iz sind häufig Fremdwortendungen von Nomen/Substantiven. Die Endungen -iv und -il findest du auch oft bei Adjektiven.

die Philosophie, die Batterie, das Benzin, die Violine, das Stativ, die Perspektive, das Ventil, aggressiv, positiv, stabil

Besonders wichtig aber ist, dass du dir die Endung -ieren als Verbendung einprägst.

fotografieren, buchstabieren, kopieren, organisieren, telefonieren, diktieren

Lang ausgesprochene, betonte Vokale

10 Finde zu den Nomen/Substantiven das entsprechende Verb. Bilde dann zu den Verben die passenden Nomen/Substantive.

Verben	Nomen/Substantive
	das Experiment
	die Multiplikation
	die Analyse
	das Interesse
	die Reaktion
	die Korrektur
	die Operation
	die Zensur
programmieren	
nummerieren	
definieren	
installieren	
transformieren	
philosophieren	
interpretieren	
trainieren	

11 Enträtsele alle Wörter aus der Wortblume. Ordne sie alphabetisch und vergiss nicht, den Artikel (der, die, das) hinzuzufügen.

in-/ine-Wortblume:
_____
_____
_____
_____
_____
_____

Lang ausgesprochene, betonte Vokale 63

12 Finde die Wörter der Wortblumen und schreibe sie auf. Wahrscheinlich kennst du nicht alle Adjektive der il-Wortblume. Schlage sie im Wörterbuch nach.

il-Blume: stab, ag, ziv, sen, frag, mob, takt

iv-Blume: mass, kreat, impuls, na, aggress, posit, negat, primit, explos, exklus

il-Wortblume: _____

iv-Wortblume: _____

13 Bei den folgenden Nomen/Substantiven fehlt eine der Fremdwortendungen -ie, -ier, -in/-ine, -iv/-ive oder -il. Ersetze das Fragezeichen durch die richtige Endung.

das Substant?, das Gen?, die Diszipl?, das Quart?, das Keros?, der Dat?, die Law?, die Biolog?, die Sympath?, die Initiat?, die Iron?, die Melod?, das Pap?, der Passag?, die Masch?, das Klav?, das Vent?, die Perspekt?, das Objekt?, das Mot?, der Term?, die Turb?, das Turn?

Lang ausgesprochene, betonte Vokale

14 In diesem Text gibt es sehr viele Wörter, denen das lang ausgesprochene i fehlt. Ergänze es, indem du das Wort richtig auf die Linien schreibst.

Die Geschichte der Zohra Djemaï

Als jüngste von sechs Geschwistern wächst Zohra in Aïn Menara, einem kleinen Dorf in Algerien auf. _____ (H?r) ist die Arbeitslosigkeit so _____ (mass?v), dass _____ (Perspekt?vlosigkeit) das Leben _____ (reg?rt). Deswegen _____ (verl??ßen) auch Zohras Geschwister Algerien und _____ (l??ßen) sich in Frankreich und Kanada _____ (n?der). Zohra _____ (absolv?rt) ihr Abitur. Sie arbeitet _____ (motiv?rt), _____ (konzentr?rt) und _____ (disziplin?rt), da es ihr _____ (Z?l) ist, zu _____ (stud?ren) und Französischlehrerin zu werden. Aïn Menara wird immer _____ (instab?ler) und gerät unter die Kontrolle religiöser Fundamentalisten. _____ (D?s) sind Männer, die krank in ihrem Glauben sind, und den Koran nach ihren Wünschen _____ (interpret?ren) und _____ _____ (instrumentalis?ren). Sie _____ (defin?ren) nunmehr, was richtig und falsch ist, _____ (verb?ten) das _____ (K?no) und setzen alles Europäische mit dem Bösen gleich. Sie klagen Herrn Djemaï an, Allah nicht zu _____ (respekt?ren) und _____ (terroris?ren) ihn so sehr, dass Zohra nicht _____ (stud?rt). Sie wird mit Karim, der seit fünf Jahren in Frankreich lebt, verheiratet. Da es _____ (kompliz?rt) geworden ist, Algerien zu verlassen, lebt Zohra wie eine Gefangene im Haus ihrer _____ (Schw?gereltern). Zuerst wird Mouloud, drei Jahre später Aïsha geboren.
In Aïn Menara _____ (grass?rt) die Angst und _____ (n?mand) wagt es, gegen die Fundamentalisten zu _____ (protest?ren). Die Fundamentalisten werden immer

_____ (aggress?ver), überall _____ (explod?ren) Bomben. _____ (Schl?ßlich) wird ein Bombenattentat auf die Schule Aïn Menaras verübt, bei dem _____ (s?ben) Kinder sterben. Mouloud, der _____ (d?se) Explosion überlebt, schreit tagelang und wird verrückt. Ohne Geld und _____ (Pap?re) _____ (beschl?ßt) Zohra, mit ihren beiden Kindern zu _____ (fl?hen). Sie kämpfen sich durch nach Tunesien, werden auf einem Fischerboot nach Italien eingeschleust und erreichen versteckt in einem Lastwagen Frankreich. Frankreich wird ihr _____ (Parad?s).

Teste dein Wissen 4

1. Im Klappentext des folgenden Jugendbuches fehlen die langen Vokale/ Umlaute. Finde für jedes Fragezeichen den richtigen Vokal/Umlaut und schreibe den Text in dein Heft.

Lieneke Dijkzeul

Ein Traum vom Fußball

Der afrikanische Dorfjunge Rahmane und sein Freund Tigani sind vom Fußball begeistert und s?r gute Sp?ler: Sie haben v?l Ballgef?l, stets eine Sp?lstrateg? vor Augen und takt?ren raffin?rt, ?ne dabei j?mals aggress?v zu sein. Beide sind Ausn?metalente. Train?ren ist jedoch n?r abends möglich, da sie hart arbeiten müssen, um das ?berleben ?rer Familien zu sichern. Fußballsp?len ist für sie eine Flucht aus einem schw?ren, mühs?men Alltag, den Krankheit, Arm?t und Mangel domin?ren. Beim Fußballsp?len wird improvis?rt: Es g?bt n?mlich kein wirkliches Sp?lfeld, keine T?re, keine richtigen Schuhe, nicht einm?l einen richtigen Ball. H?r muss man als Fußballsp?ler wirklich kreat?v sein. Da sich echte Begabungen aber überall herauskristallis?ren, interess?rt sich sch?n bald ein Talentscout für die beiden Freunde. D?ser nimmt sie zur Ausbildung als Profifußballer mit in die Stadt.

Für Tigani wird der W?nsinnsdrill beim Training jedoch zum Probl?m. Er gerät auf die sch?fe B?n und k?rt traurig und ein w?nig frustr?rt in sein Dorf zurück. Rahmane hingegen wird für ein Trainingslager in den N?derlanden ausgew?lt. In der Fremde f?lt er sich zunächst eins?m, aber Dank der F?rsorge seiner Gasteltern arrang?rt er sich allm?lich mit den neuen Gew?nheiten. Er sp?rt w?l, dass ?n der W?g aus seinem Heimatdorf herausf?ren wird ...

Schreibe diesen Klappentext als Laufdiktat oder lass ihn dir diktieren.

Federica de Cesco

Aischa oder die Sonne des Lebens

Als Tochter algerischer Einwanderer erfährt die sechzehnjährige Aischa in ihrer neuen Heimat Paris eine streng muslimische Erziehung. Ihr Vater sieht in der westlichen Kultur eine Gefahr und lehnt es ab, dass sich die Familie in Paris integriert. Klar ist, dass Aischa das Kopftuch und den langen Mantel tragen muss. Obwohl sie sich danach sehnt, nicht mehr isoliert und in ihrer Klasse akzeptiert zu sein, toleriert ihr Vater keinen Kontakt zu französischen Mitschülerinnen. Mit Jungen darf Aischa nicht einmal sprechen. Der manchmal grausame Vater und die Brüder wachen über ihre Sittsamkeit. Während ihre Mitschüler viele Freiheiten genießen, fühlt Aischa sich oft einsam und leer – wie in einem Gefängnis. Allmählich entwickelt sich jedoch eine tiefe Freundschaft zu einer Mitschülerin, die dazu führt, dass Aischa gegen ihre Familie aufbegehrt. Als sie sich in den jungen Koreaner Kim verliebt und gegen Tradition und Zwänge rebelliert, soll sie in Algerien verheiratet werden. Sie muss nun ihr Schicksal selbst in die Hand nehmen ...

 **Haltestelle**

Lang ausgesprochene, betonte Vokale

1 Die meisten Wörter mit einem lang ausgesprochenen Vokal/Umlaut schreibst du mit einem einfachen a/ä, e, o/ö oder u/ü.

der Rasen, die Feder, loben, das Ufer, der Täter, lösen, die Blüte, die Säge

2 Auch die Doppellaute (Diphthonge) au, äu, eu, ei und ai werden immer lang ausgesprochen.

sauber, aufräumen, teuer, der Stein, der Mai, der Hai

3 Den lang ausgesprochenen Vokalen/Umlauten kann ein nicht hörbares h (Dehnungs-h) folgen. Du findest es oft vor den Konsonanten l, m, n und r.

die Fahne, die Glückssträhne, stehlen, die Schuhsohle, die Möhren, die Uhr, die Stühle

Wörter/Silben, die mit den Buchstaben sch, qu und t beginnen, haben selten ein Dehnungs-h.

der Schwan, schwül, der Thron, quälen, bequem

Auch die Wortbausteine -tum, -sam, -bar, -sal und -ur schreibst du ohne Dehnungs-h.

das Brauchtum, einsam, haltbar, das Schicksal, Trübsal, die Urgroßeltern

4 In einigen Wörtern verdoppelst du die Vokale a, e und o.

das Ehepaar, haarsträubend, die Beere, der Klee, die Seerose, das Boot

5 Du schreibst den lang ausgesprochenen Vokal i meistens ie.

niemals, niesen, schielen, der Dieb, die Schienen, tief, viel

6 Das lang ausgesprochene i schreibst du nur in den folgenden Pronomen ih:

ihr, ihre, ihren, ihrem, ihrer, ihm, ihn und ihnen

Lang ausgesprochene, betonte Vokale

7 Es gibt nur wenige Wörter, in denen das lang ausgesprochene i ieh geschrieben wird.

das Vieh, fliehen, ziehen, wiehern, der Viehbestand, die Erziehung, das Gewieher

8 -ie, -ier, -ieren, -in/-ine, -iv/-ive, -iv, -iz und -il sind Fremdwortendungen. Die Endung -ieren findest du häufig bei Verben.

die Chemie, die Anatomie, das Benzin, die Maschine, das Stativ, das Ventil, positiv, labil, motivieren, subtrahieren, produzieren

Die s-Laute

Gesummt oder gezischt?

Der s-Laut kann sich unterschiedlich anhören. Er kann manchmal stimmhaft ausgesprochen werden. Dieses stimmhaft ausgesprochene s schreibst du immer mit einem einfachen s.

die Reise, rasen, riesig, leise, die Rose, sauber

Der s-Laut kann sich aber auch stimmlos anhören. Für diesen stimmlos ausgesprochenen s-Laut gibt es drei Schreibweisen: mit s, mit ss oder mit ß.

die Maus, das Glas, der Fußball, beschließen, das Schloss, küssen.

1 Lege eine Tabelle mit zwei Spalten in deinem Heft an. In die erste Spalte trägst du alle Wörter des nachfolgenden Textes ein, die einen stimmlosen s-Laut enthalten, in die zweite Spalte kommen alle Wörter mit einem stimmhaften s-Laut.

Kurze Geschichte des Tauchens

Tauchen hat für die meisten Menschen einen ungeheuren Reiz: Man taucht in eine fremde, geheimnisvolle Welt und genießt es, schwerelos durch das Wasser zu gleiten.
Bereits vor tausend Jahren gab es die ersten Taucher. Zunächst suchten sie Nahrung im Meer, später dann Perlen, Schwämme oder auch die wertvolle Fracht versunkener Schiffe. In dieser frühen Phase des Tauchens gab es noch keine Hilfsmittel wie beispielsweise Pressluftflaschen. Die Taucher mussten so lange wie möglich die Luft anhalten. Gute Taucher konnten so bis zu 70 Meter tief tauchen.
Früh suchten die Menschen nach Möglichkeiten, mithilfe eines Luftvorrats länger unter Wasser zu bleiben. Dieses gelang mit Taucherglocken. Ein offener Behälter wurde mit der Öffnung nach unten ins Wasser gedrückt, sodass keine Luft entweichen konnte. Sie wurde im oberen Teil durch den Wasserdruck zusammengepresst. Ein aufrecht stehender Taucher konnte in dieser Luftblase atmen, bis der Sauerstoff aufgebracht war. Außerdem konnte er die Glocke für ein oder zwei Minuten verlassen. 1865 entwickelten zwei Franzosen einen mit Pressluft gefüllten Stahlbehälter, der auf dem Rücken der Taucher befestigt wurde. Durch diesen ersten Unterwasser-Lufttank konnten sich die Taucher

Die s-Laute

frei im Wasser bewegen. Von nun an entwickelte sich die Technik rasant. Taucher, die ein großes Maß an Erfahrungen haben, können heute mit speziellen Gasgemischen bis ca. 100 Meter tief tauchen.

2 Suche nun selber zehn Wörter, die einen stimmhaften s-Laut enthalten, und zehn Wörter, die einen stimmlosen s-Laut enthalten, und trage sie in deine Tabelle ein.

3 Ordne nun alle Wörter aus der Aufgabe 1 und 2 in die folgende Tabelle ein.

stimmhafter s-Laut	stimmloser s-Laut		
geschrieben: s	geschrieben: s	geschrieben: ss	geschrieben: ß

s und ß nach einem lang ausgesprochenen, betonten Vokal

Nach einem lang ausgesprochenen, betonten Vokal (Selbstlaut) oder nach einem Doppellaut (au, äu, ei, eu, ai) schreibst du entweder s oder ß.

Du schreibst ein s, wenn der s-Laut stimmhaft und weich ausgesprochen wird.

die Pause, die Vase, niesen, leise

Du schreibst ß, wenn der s-Laut stimmlos ausgesprochen wird.

die Straße, grüßen, draußen, groß

Am Ende einer Silbe oder eines Wortes steht immer nur das stimmlose, gezischte s. Du schreibst es trotzdem mit einem einfachen s, wenn es verwandte Wörter mit einem stimmhaften s gibt.

das Glas	die Gläser
sie rast	rasen

4 Setze die Reimkette fort.

Flausen, _____

Bläser, _____

Insel, _____

lesen, _____

niesen, _____

5 Finde zu allen Wörtern weitere Wörter aus der Wortfamilie, die einen stimmhaften s-Laut haben.

sie reist, verreisen, die Reise, das Reisebüro, die Fernreise, abreisen

der Preis, _____

er liest, _____

das Los, _____

das Glas, _____

die Maus, _____

Die s-Laute

er verspeist,
die Gans,
das Eis,
das Gleis,
der Puls,
der Kreis,
erbost,
der Kies,

6 Sprich die folgenden Wörter laut aus, umkreise den langen Vokal und trage s oder ß ein. Bilde anschließend mit jedem Wort einen Satz.

die Stra___e   die Blu___e
grü___en   le___en
die Ro___e   die Va___e
die Flu___e   ra___en
lei___e   der Spa___
drau___en   die Sü___igkeiten
der Blumenstrau___ die Wie___e
die Fü___e   der Kie___el

7 s oder ß? Trage die fehlenden Buchstaben ein und schreibe den Text anschließend in dein Heft.

Apnoetaucher

Als Apnoetauchen bezeichnet man das Tauchen mit der eigenen Atemluft. Mit nur einem Atemzug tauchen die___e Sportler in Tiefen von bis zu 200 Metern. Dabei lassen sie sich mit einer Art Schlitten in die Tiefe ziehen und kehren mithilfe eines Hebe___acks an die Wasseroberfläche zurück. Ärzte sto___en an ihre Grenze, wenn sie diese au___ergewöhnliche Leistung medizinisch erklären wollen. Normalerwei___e überlebt ein Mensch in diesen Tiefen nicht, da die Lunge durch den extremen

Die s-Laute

Au___endruck bereits ab 30 Metern Tiefe derma___en schrumpft, dass sie ihre Minimalgrö___e erreicht und den Körper nicht mehr mit genügend Sauerstoff ver___orgt.

Durch inten___ives Training gelingt es Extremtauchern, die Lunge auch in extremer Tiefe so zu vergrö___ern, dass sie den Körper über mehrere Minuten mit ausreichend Sauerstoff ver___orgt. Bei ihnen flie___t das Blut aus den Gliedma___en in die Gefä___e der Lunge und verhindert somit, dass diese zusammenfällt.

Darüber hinaus trainieren die Apnoetaucher eine spezielle Atemtechnik, durch die sie ihr Lungenvolumen vergrö___ern. Doch trotz des harten Trainings bleibt das Freitauchen äu___erst ri___ikoreich.

Im April 2007 starb der mehrfache Weltrekordhalter Loïc Leferme beim Training für einen neuen Rekordver___uch: Er erlitt beim Auftauchen einen Herzstillstand. Doch die grenzenlo___e Weite und Stille in den Tiefen des Ozeans lässt die Apnoetaucher immer wieder alle Ri___iken vergessen.

ss nach einem kurz ausgesprochenen, betonten Vokal

Du hörst nach einem kurz ausgesprochenen Vokal immer nur das stimmlose s. Du schreibst es mit ss, wenn ein weiterer Vokal folgt.

die Flossen, essen, küssen, müssen

Diese Schreibweise wird in allen Wörtern aus der Wortfamilie beibehalten.

sie isst, er küsst, du musst

Die s-Laute

8 Schreibe aus dem Text alle Wörter heraus, die ein ss enthalten, und markiere den kurzen Vokal mit einem Punkt.

Extremtaucher Schnabelwale

Lange Zeit wussten die Meereswissenschaftler sehr wenig über Schnabelwale. Denn sie tauchen immer nur kurz an der Wasseroberfläche auf und lassen sich nur selten in Küstennähe sehen. Nun haben Forscher interessante Erkenntnisse über ihre Lebensgewohnheiten gewonnen, indem sie Messgeräte an die Wale hefteten. Schnabelwale sind sehr viel bessere Tiefseetaucher als die Menschen. Sie tauchen bis 1900 Meter in die Tiefe, um ihr Lieblingsessen Tintenfisch zu fressen. Die Forscher fanden auch die Ursache für Massenstrandungen von Walen heraus: Da das Meer immer lauter wird, werden die Tiere gestresst und ihr Orientierungssinn wird negativ beeinflusst. Besonders schädlich ist die Schallmesstechnik, die Schiffe einsetzen, um Gegenstände unter Wasser zu orten und zu vermessen. Wenn Wale während ihrer Tauchgänge durch fremde Schallwellen gestört werden, verlassen sie panisch die Tiefen des Meeres, um wieder an die Wasseroberfläche zu gelangen. Wie beim Öffnen einer Mineralwasserflasche perlt dann durch das hastige Auftauchen Gas im Blut und zerreißt die feinen Adern. Die Wale sterben und werden tot an die Küsten gespült. Tierschutzverbände kritisieren den Einsatz der Sonartechnik deshalb massiv.

Die Vorsilbe miss-

Die Vorsilbe miss- schreibst du immer mit ss.

das Missverständnis, das Misstrauen, missachten, missgünstig

Die s-Laute

9 Löse das Silbenrätsel. Achte dabei auf die Groß- und Kleinschreibung.

len trau gunst gön fal ligen
bil mu schick ach
folg isch **M/miss** tig nen er
ten ge cken glü

missfallen, _____

10 In diesem Wortgitter sind 14 Wörter versteckt, die entweder mit ss oder mit ß geschrieben werden. Da ein ß in Großbuchstaben als SS dargestellt wird, musst du gut überlegen. Schreibe die Wörter in der richtigen Schreibweise auf. Setze vor die Nomen/Substantive immer den Artikel.

P	I	K	S	S	M	N	O	S	Ü	S	S
S	S	L	A	B	C	A	F	D	E	F	F
F	G	A	H	I	J	S	S	L	U	M	W
U	Z	S	G	R	O	S	S	D	U	M	I
S	I	S	S	A	F	G	P	F	N	S	S
S	R	E	Z	G	R	U	S	S	M	K	S
B	P	F	K	I	S	S	E	N	H	G	E
A	A	A	M	D	W	A	S	S	E	R	N
L	S	D	S	S	O	P	J	K	L	F	A
L	S	L	U	S	D	F	G	L	Ü	M	S
T	R	A	S	D	R	A	U	S	S	E	N
S	T	R	A	S	S	E	K	B	I	F	T

Die s-Laute

Die Buchstabenverbindungen st, sp und sk

Wörter mit den Buchstabenverbindungen st, sp und sk musst du dir merken.

der Rost, die Wespe, der Muskel

Es gibt zu diesen Wörtern keine verwandten Wörter, die mit ss geschrieben werden.

der Rost	rosten, rostig
die Wespe	der Wespenstich
der Muskel	muskulös, der Muskelkater

 11 Bilde mithilfe der Buchstaben, die in den Sternen stehen, Wörter und schreibe sie auf.

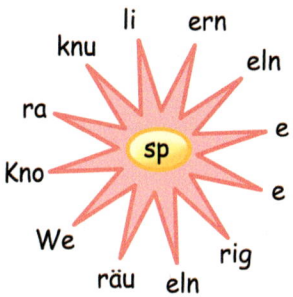
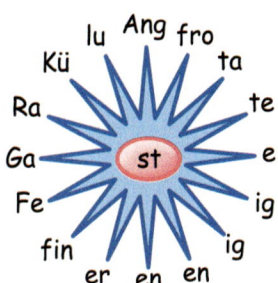

Wechselnde s-Schreibweise in einer Wortfamilie: vom ss zum ß und vom ß zu ss

Die Länge des Vokals kann sich bei Wörtern einer Wortfamilie ändern. Hier musst du gut aufpassen, weil sich entsprechend auch die Schreibweise des s-Lautes verändert. Das ss verwandelt sich in ein ß, wenn der kurze Vokal zu einem langen Vokal wird.

der Riss	reißen
der Biss	beißen

Wird der lange Vokal aber in einen kurzen Vokal verwandelt, wird aus dem ß ein ss.

genießen	der Genuss
fließen	der Fluss

Die s-Laute

12 Suche jeweils verwandte Wörter mit unterschiedlicher Schreibweise.

fließen — der Fluss, das Floß, es floss
der Schuss — _____
gießen — _____
der Riss — _____
beißen — _____
vergessen — _____

Die Endung -nis

Nomen/Substantive mit der Endung -nis schreibst du im Singular nur mit s; im Plural wird das s aber verdoppelt.

das Erlebnis   die Erlebnisse
das Geheimnis   die Geheimnisse

13 Bringe die Buchstaben in die richtige Reihenfolge und schreibe die Nomen/Substantive in der richtigen Schreibweise mit ihrem Artikel auf.

ezugsni — das Zeugnis
särgerni — _____
nigefängs — _____
wdilisn — _____
inhdneris — _____
ehimnisge — _____
srleebni — _____
mässsverstndnii — _____
ergeinis — _____
kebeinntns — _____
siwang — _____
värstnendis — _____
verähltins — _____

Die s-Laute

werüzrfnis

ennkitns

aseirsprn

gerbnise

nisbbgräe

14 Ordne die Nomen/Substantive aus Aufgabe 13 alphabetisch und setze sie, wenn möglich, in den Plural.

das und dass unterscheiden

Bei der Schreibweise von das oder dass musst du auf die Wortart achten. Den Artikel das schreibst du immer mit einfachem s.

Das Extremtauchen ist eine faszinierende Sportart.

Auch das Demonstrativpronomen (hinweisendes Fürwort) schreibst du mit einfachem s.

Das versichern alle Taucher.

Ebenfalls mit einem einfachen s schreibst du das Relativpronomen das.

Das Extremtauchen, das sehr viel Spaß macht, ist aber auch sehr risikoreich.

Die Konjunktion dass oder sodass schreibst du immer mit ss. Sie leitet einen Nebensatz/Gliedsatz ein.

Ich habe schon oft gehört, dass Tauchen eine faszinierende Sportart ist.
Dass Tauchen eine faszinierende Sportart ist, habe ich schon oft gehört.

Du kannst den Artikel, das Demonstrativ- und Relativpronomen im Satzzusammenhang durch dieses, welches oder jenes ersetzen (Ersatzprobe).

15 Das oder dass? Schreibe die Sätze richtig in dein Heft. Wende die Ersatzprobe an, wenn du dir unsicher bist.

Das Duell

- Da**?** Duell, da**?** die weltbekannten Extremtaucher Pipin Ferreras und Umberto Pellzari über Jahre austragen haben, ist im Sommer 2006 in dem Dokumentarfilm „Ocean Men" nachgezeichnet worden.

Die s-Laute

- Der Film zeigt eindrucksvoll, da? die beiden Männer die ungeheure Liebe zum Wasser verbindet und zugleich trennt.
- Beide sagen von sich selbst, da? da? Wasser da? wichtigste Element für sie sei.
- Sie fühlten sich wie ein Wasserwesen, da? im Ozean zu Hause ist.
- Das Freitauchen, da? Pippin Fererras seit 1987 professionell betreibt, hat er schon als Kind geliebt.
- Er begann früh mit dem Speerfischen und erkannte dabei, da? die größten Fische am tiefsten schwimmen.
- Da? machte er ihnen nach: Von 1987 – 1990 war er der beste Apnoetaucher der Welt.
- Umberto Pellizari hingegen hatte als kleiner Junge so viel Angst vor dem Wasser, da? selbst das Duschen für ihn ein Schrecken war.
- Nachdem seine Mutter mit ihm in ein Schwimmbad gegangen war, begeisterte er sich plötzlich für da? Tauchen.
- Das Atemanhalten, da? er während der Schulstunden so intensiv übte, da? er beinah bewusstlos wurde und seine Lehrer in Panik versetzte, faszinierte ihn.
- Da? Üben hat sich gelohnt. Es heißt, da? Pellizari neun Minuten lang die Luft anhalten kann.
- Da? kann man sich kaum vorstellen.
- 1990 tauchte er drei Meter tiefer als der amtierende Weltmeister Pipin Fereras: Da? Duell begann.
- Von 1990 bis 2002 waren die beiden Apnoetaucher so große Konkurrenten, da? sie kein Wort miteinander sprachen.
- Sie vermieden es sogar, da? sie zur gleichen Zeit am gleichen Ort waren.
- Da? lange Schweigen beendeten die beiden, als Pipin Ferreras einen schweren Schicksalsschlag verkraften musste: 2002 starb seine Frau Audrey – ebenfalls Extremtaucherin – bei einem Rekordversuch.
- Sie hat sich immer gewünscht, da? ihr Mann und Umberto ihre Rivalität aufgeben, sich aussöhnen und wieder miteinander sprechen.

Die s-Laute

Teste dein Wissen 5

1 Lass dir den Text diktieren.

Tauchparadies Great Barrier Riff

Das Great Barrier Reef vor der Küste Australiens ist das größte Korallenriff der Erde und gehört zu den sieben Weltwundern der Natur. Es besteht aus fast 3 000 Einzelriffen und 71 Koralleninseln. Diese reichen vom Nordosten Australiens bis nach Papua-Neuguinea. Das gesamte Riff erstreckt sich auf einer Länge von ungefähr 2 500 Kilometern. Weil das Riff solche gigantischen Ausmaße hat, kann man es mit bloßen Augen aus dem Weltall sehen. Seit 1981 genießt das Riff den Status eines UNESCO-Weltnaturerbes. Das Great Barrier Reef ist ein Tauchparadies, das jährlich viele Tausende Taucher anlockt. Diesen bietet das Riff eine außergewöhnlich schöne Unterwasserwelt. Unzählige Lebewesen haben hier ihr Zuhause: bunte Korallen, Fische in allen Formen, Farben und Größen, Weichtiere, Krustentiere, Seekühe und Buckelwale. An den Küsten und Stränden tummeln sich zudem unzählige Seevögel sowie Meeresschildkröten.
Wissenschaftler fürchten, dass das Geat Barrier Riff durch die Erderwärmung erheblich geschädigt wird. Der Temperaturanstieg wird zu einem Massensterben der Korallen, der Fische und der anderen Lebewesen des Riffs führen.

Die s-Laute

2 Schreibe diesen Text als Laufdiktat.

Herbert Nitsch: The flying fish

Der Österreicher Herbert Nitsch ist ein außergewöhnlicher Sportler. Zurzeit ist er der beste Freitaucher der Welt. Im Juni 2007 stellte er auf der griechischen Insel Spetses einen neuen Weltrekord im No-Limit-Tauchen auf: Mit nur einem Atemzug versank er zunächst 214 Meter tief in den Ozean, um gut vier Minuten später wieder zurück an die Wasseroberfläche zu kehren. Diese herausragende Leistung lässt sich physiologisch kaum erklären. Es ist offensichtlich, dass man hart trainieren muss, um solche extremen Belastungen auszuhalten. Ebenso wichtig wie das tägliche körperliche Training ist aber auch das Wissen über Atemprozesse, Druckverhältnisse und Sicherheitstechniken beim Tieftauchen. Außerdem braucht man den starken Willen, eigene Grenzen zu besiegen. Herbert Nitsch will auch nach der Sensation von 214 Metern beweisen, dass es immer tiefer geht. Er hat sich bereits ein neues Ziel gesetzt, das zeigt, dass er ein absoluter Grenzgänger ist. Er will die 300-Meter-Grenze erreichen. Herbert Nitsch betreibt das Extremtauchen übrigens nicht professionell. Er übt einen Beruf aus, der seinen Spitznamen „the flying fish" erklärt: Er ist Pilot.

Haltestelle

Die s-Laute

1 Der s-Laut kann sich unterschiedlich anhören. Er kann stimmhaft oder stimmlos ausgesprochen werden. Den stimmhaft ausgesprochenen s-Laut schreibst du immer mit einem s.

die Nase, losen, der Käse, bremsen

2 Am Ende einer Silbe oder eines Wortes steht immer nur das stimmlose s. Du schreibst es mit einem einfachen s, wenn es verwandte Wörter mit einem stimmhaften s gibt

er liest	lesen
das Gras	die Gräser
das Los	die Lose

3 Den stimmlos ausgesprochenen s-Laut schreibst du s, ss oder ß. Du schreibst ß, wenn der betonte Vokal lang ausgesprochen wird.

die Straße, der Fuß, scheußlich, draußen

4 Du schreibst ss, wenn der Vokal kurz ausgesprochen wird und du nur den Konsonanten s hörst. Diese Schreibweise wird in allen Wörtern einer Wortfamilie beibehalten.

essen, er isst, vermissen, sie vermisst, küssen, sie küssten

5 Hörst du nach einem kurz ausgesprochenen Vokal (Selbstlaut) neben dem s-Laut einen weiteren Konsonanten (Mitlaut), verdoppelst du den s-Laut nicht. Dies betrifft häufig die Buchstabenverbindungen st, sp und sk.

die Liste, raspeln, maskieren

6 Bei Nomen/Substantiven, die die Endung -nis haben, musst du gut aufpassen. Im Singular schreibst du diese Nomen/Substantive nur mit s; im Plural (in der Mehrzahl) wird das s aber verdoppelt.

| das Geheimnis | die Geheimnisse |
| die Erkenntnis | die Erkenntnisse |

7 Die Vorsilbe -miss schreibst du immer mit ss.

Missachtung, missgünstig, misslingen

Groß- und Kleinschreibung

Nomen/Substantive erkennen und großschreiben

Nomen/Substantive und Namen schreibst du immer groß.

die Jugendbande, das Krankenhaus, die Eltern, der Baum, die Hoffnung, die Gefahr, die Medizin, die Kunst, Ramon Santiago, Harpo

Vor Nomen/Substantive kannst du immer einen Begleiter setzen. Manchmal fehlt er auch; du kannst ihn aber ergänzen. Nomenbegleiter sind:

der bestimmte (der, die, das) und der unbestimmte (ein, eine, ein) Artikel
der Raubüberfall, das Museum, die Ehre, eine Freundschaft, ein Kind

Pronomen (mein, dein, unser, sein, ihre, diese, dieser, jener …)
unsere Stadt, mein Tagebuch, dieses Messer, ihr Spott

unbestimmte Mengenangaben/Zahlwörter (einige, manche, viele, kein, drei …)
einige Jugendbanden, manche Gemeinheit, keine Gerechtigkeit

Präpositionen, in denen ein Artikel versteckt ist (am, ans, beim, im, vom, zum, zur)
zur Mutprobe, im Moment, beim Frühstück, am Sonntag

1 Unterstreiche zunächst alle Nomen/Substantive und ihre Begleiter in zwei verschiedenen Farben. Denk daran, dass vor den Nomen/Substantiven ein Adjektiv stehen kann und es Nomen/Substantive gibt, die ohne Begleiter auftauchen. Schreibe den Text dann in richtiger Groß- und Kleinschreibung in dein Heft.

Die Familie Ramon Santiagos

Der vierzehnjährige Ramon Santiago, Sohn puertoricanischer Einwanderer, lebt mit seinen Eltern in einem ärmlichen Stadtteil New Yorks.

ARBEITSLOSIGKEIT, ARMUT UND KRIMINALITÄT PRÄGEN HIER DAS LEBEN VORWIEGEND FARBIGER EINWANDERER.
IM MOMENT SCHLÄGT SICH RAMON JEDOCH ALLEIN DURCHS LEBEN, DA SEINE MUTTER IM KRANKENHAUS LIEGT UND SEIN VATER IM GEFÄNGNIS SITZT.
RAMONS MUTTER, DIE FRÜHER DAS GANZE HAUS MIT IHREM FRÖHLICHEN GESANG ERFÜLLTE, HÄTTE SÄNGERIN IN EINER BAND WERDEN

SOLLEN. DAS IST JEDENFALLS DIE MEINUNG DER NACHBARIN, MRS. GARCIA, DIE IHREN GESANG VERMISST. JETZT LIEGT RAMONS MUTTER DEPRIMIERT UND VOLLER HEIMWEH NACH PUERTO RICO IM *WESTSIDE HOSPITAL*. AUFGRUND IHRER APPETITLOSIGKEIT ERNÄHREN DIE ÄRZTE SIE KÜNSTLICH.
SPRECHEN WILL SIE AUCH NICHT MEHR. RAMON KOMMT IHR KRANKENZIMMER WIE DER GROSSE FISCHBEHÄLTER IN EINER TIERHANDLUNG SEINES VIERTELS VOR: DENN DER TROPF IM ARM SEINER MUTTER ERINNERT IHN AN DAS BLUBBERNDE RÖHRCHEN IM FISCHBEHÄLTER. KRANKHEIT UND MUTLOSIGKEIT SEINER MUTTER MACHEN RAMON SEHR TRAURIG.
RAMONS VATER HAT AUF EINER DEMONSTRATION ZUR UNABHÄNGIGKEIT SEINES LANDES EIN PLAKAT GEGEN EINEN POLIZISTEN GESCHLEUDERT. FÜR DIESE BEDROHUNG DES POLIZEIBEAMTEN SITZT ER NUN EINE DREIJÄHRIGE GEFÄNGNISSTRAFE AB. JETZT IST ER SCHON SEIT EINEM JAHR WEG.

Aus Verben Nomen/Substantive machen

Verben können im Infinitiv wie Nomen/Substantive gebraucht werden. Sie werden dann immer großgeschrieben.
Man nennt dies die Nominalisierung/Substantivierung von Verben.

Werden Verben zu Nomen/Substantiven, so gehen ihnen Erkennungszeichen/Nomensignale voran. Sehr häufig findest du den bestimmten (der, die, das) oder den unbestimmten (ein, eine, ein) Artikel.

Ramon möchte „TV-Schreiberling" werden. Das Schreiben von Drehbüchern fürs Fernsehen ist sein großer Traum.
Ramon Santiago ist klug, aber klein und schwächlich. Ein geschicktes Umgehen mit seinem Klappmesser verschafft ihm Anerkennung.

Groß- und Kleinschreibung

2 Kreise die Artikel ein und ergänze die Verben in der richtigen Schreibweise.

- Ramon Santiago hat sein kleines Notizbuch immer dabei, da ihm (das) Aufschreiben seiner Gedanken hilft, wenn es ihm nicht gut geht.
- Niemand weiß, dass er schreibt: Das _____ (verstecken) seines Notizbuches ist notwendig, da Ramons Vater sagt, dass nur Weichlinge schrieben.
- Auch sein Messer hat Ramon immer dabei. Das stundenlange _____ (üben) mit dem Messer ist nötig, wenn man klein und dünn ist und in New York lebt.
- Ramons Vater möchte, dass sein Sohn ein Macho wird. Das _____ (verhalten) als Macho gilt als besonders männlich unter manchen Spaniern.
- Ein perfektes _____ (beherrschen) des Klappmessers ist für ihn ein wichtiger Schritt auf dem Weg seines Sohnes zum Macho.
- Ramons Mutter verabscheut das Messer: Das _____ (herausschnappen) der 15 cm langen und scharfen Klinge macht ihr Angst.

Auch **Pronomen** (mein, dein, sein, unser, ihr, dieses, euer …) sind **Nomensignale** und erinnern dich daran, ursprüngliche **Verben großzuschreiben**.

Da Ramon klein und schwächlich ist, hat Harpos Gang ihn schon oft verspottet.
Dieses Verhöhnen und **Verspotten** macht ihn wütend.
Ihr Lachen hat zur Folge, dass er täglich intensiv mit seinem Klappmesser trainiert.

---

3 Kreise die Pronomen ein und ergänze die Verben in der richtigen Schreibweise.

- Harpo, der von allen respektierte Bandenchef, sagt: „Mein genaues _____ (planen) und überlegtes _____ (handeln) sichert euren Lebensunterhalt."

Groß- und Kleinschreibung 87

- Ramon sieht so klapprig wie eine Marionette aus. Sein _____ (aussehen) bewirkt, dass man ihn unterschätzt.
- Angel, der auch Rattenengel genannt wird, hat einer Ratte den Kopf abgeschnitten. Ramon mag ihn nicht, weil er dieses _____ (quälen) von Tieren abstoßend findet.
- Der Belämmerte Luis arbeitet als Lebensmittelkurier und erfährt so, ob seine Kunden reich oder arm sind. Sein _____ (ausspionieren) der Kunden sichert ihm einen Anteil an der Beute.

Außerdem sind Präpositionen, in denen der Artikel versteckt ist (am, ans, beim, im, ins, vom, zum, zur) Nomensignale, die dich darauf hinweisen, ursprüngliche Verben großzuschreiben.

Beim Schreiben in sein Notizbuch befreit sich Ramon von allem, was ihn bedrückt.
Ramon ist zum Heulen zumute, wenn er an seine kranke Mutter denkt.

4 Kreise die Präpositionen ein und ergänze die Verben in der richtigen Schreibweise.

- Zum _____ (erstaunen) der übrigen Gangmitglieder soll Ramon Harpo auf einen Überfall begleiten.
- Beim _____ (warten) auf die alte Dame, die ausgeraubt werden soll, gerät Ramon ins _____ (grübeln).
- Während die beiden auf dem Treppenabsatz warten, kommt Ramon ins _____ (schwitzen), da er ziemlich nervös ist. Um sich abzulenken, redet er ununterbrochen.
- Vom pausenlosen _____ (reden) Ramons sichtlich genervt, bringt Harpo Ramon dadurch zum _____ (schweigen), dass er sagt, Machos müssten auch einmal den Mund halten können.

Groß- und Kleinschreibung

Auch gebeugte Adjektive sind Nomensignale. Du erkennst sie daran, dass sie auf -es enden (schönes, witziges, schreckliches, trauriges). Sie zeigen dir an, dass Verben großgeschrieben werden müssen.

Minutenlanges Warten auf dem Treppenabsatz kommt Ramon endlos vor. Überlegtes Handeln und sorgfältiges Planen machen Harpo zum idealen Bandenchef.

5 Kreise die gebeugten Adjektive ein und ergänze die Verben in der richtigen Schreibweise.

- Bevor Ramons Mutter seelisch krank wurde, erfüllte fröhliches _____ (singen) und _____ (lachen) das Haus.
- Lautes und ständiges _____ (streiten) mit ihrem Mann, Geldsorgen und ihr Heimweh nach Puerto Rico haben sie traurig und krank gemacht.
- Abends hat Ramon häufig ihr leises _____ (weinen) gehört.
- Ramons Vater leidet darunter, dass die amerikanische Gesellschaft puertoricanische Einwanderer ausgegrenzt: Sein zorniges _____ (aufbegehren) gegen diese Diskriminierung verschlechtert seine Situation noch weiter.
- Auf einer Demonstration zur Unabhängigkeit Puerto Ricos führt sein unkontrolliertes _____ (verhalten) dazu, dass er einen Polizisten angreift. Nun sitzt er im Gefängnis.

6 Setze die Verben in der richtigen Schreibweise ein. Es gibt ursprüngliche Verben, die du großschreiben musst, aber auch Verben, die kleingeschrieben werden. Unterstreiche zunächst die Nomensignale, die dir zeigen, dass Verben großgeschrieben werden.

Harpos Clique und ihre Raubüberfälle

Ramon möchte endlich ein richtiger Macho sein. Deshalb ist es sein größter Wunsch, in die Jugendgang des Viertels aufgenommen zu

Groß- und Kleinschreibung

_____ (werden).
Unangreifbarer Bandenchef ist Harpo; die anderen Mitglieder heißen Angel, Julio und Belämmerter Luis.
Der Belämmerte Luis muss im Viertel oft Lebensmittel _____ (ausliefern).

Beim _____ (betreten) der Wohnungen und Appartements seiner Kunden gelingt ihm ein unauffälliges _____ (auskundschaften) ihrer Lebensverhältnisse. Durch sein aufmerksames _____ (beobachten) weiß er ziemlich sicher, ob seine Kunden vermögend oder eher arm sind. Wenn die Kunden ihre Lebensmittel bezahlen, zeigt ihm das _____ (herumwühlen) in ihren Portmonees auch, ob viel Bargeld im Haus ist. Gegenüber dem Belämmerten Luis gibt es kein Misstrauen, da ihn alle Kunden für dumm halten. Dieses _____ (versorgen) der Gang mit Informationen garantiert dem Belämmerten Luis einen Anteil an der Beute.

Nach einer langen Zeit des _____ (warten) und des _____ (ringen) um Anerkennung hat Ramon heute die Ehre, Harpo auf einen seiner Überfälle zu _____ (begleiten). Zunächst verdunkelt Harpo durch das _____ (ausschrauben) der Glühbirne den Treppenabsatz über der Wohnung des Opfers. Dass Harpo vor dem _____ (herausdrehen) der heißen Glühbirne ans _____ (ablecken) seiner Finger denkt, imponiert Ramon bereits mächtig. Während des _____ (warten) fühlt Ramon Angstschweiß auf seiner Stirn. Aber auch Harpo gerät ins _____ (schwitzen), als die beiden das _____ (knarzen) der Eingangstür und das _____ (klackern) der Absätze der alten Dame auf den Treppenstufen hören. Harpo wartet auf den Moment des

_____ (einrasten) des Wohnungsschlüssels und stürzt den Treppenabsatz herunter. Blitzschnell hält er der alten Dame den Mund fest zu, damit niemand ihr _____ (schreien) hören kann. Nach dem _____ (entreißen) der Handtasche stößt er sie in ihr Appartement und knallt die Tür zu. Harpo und Ramon rasen zu ihrem Geheimplatz in der Nähe des *Hudson River*.

7 Groß oder klein? Schreibe die Verben in der richtigen Schreibweise in die Lücken. Prüfe zunächst, ob es im Satz ein Erkennungszeichen für die Großschreibung von Verben gibt. Unterstreiche es.

Ramons erster Überfall

Ramons großes Ziel ist es, in Harpos Gang aufgenommen zu werden. Vom _____ (gelingen) des ersten Überfalls, den Ramon allein machen soll, hängt also viel ab. Es muss ihm einfach _____ (gelingen), Harpo und die anderen davon zu überzeugen, dass er kein Weichling ist.

Harpo ordnet an, dass sich der Belämmerte Luis und Ramon zunächst an einem geheimen Ort _____ (treffen) sollen. Das geheime _____ (treffen) informiert Ramon über Namen und Adresse der vom Belämmerten Luis ausspionierten Person: Es handelt sich um Arnold Glasser, einen 76-jährigen Maler, der im Rollstuhl sitzt.

Luis genaues _____ (beobachten) hat ergeben, dass der alte Maler über sehr viel Bargeld verfügt. Luis konnte bei seiner Lebensmittellieferung _____ (beobachten), dass der alte Maler über sehr viel Bargeld verfügt.

Luis beginnt breit und höhnisch zu _____ (grinsen), als er merkt, dass Ramon unruhig wird: In seinen Augen ist Ramon ein Feigling. Luis hat ein breites und höhnisches _____ (grinsen) im Gesicht, als er merkt, dass Ramon unruhig wird.

Als Ramon das Appartementhaus erreicht, fängt sein Magen an, nervös zu _____ (kribbeln), und er hört sein Herz _____ (pochen). Nervöses _____ (kribbeln) in der Magengegend macht sich breit, als Ramon das Appartementhaus erreicht. Auch spürt Ramon das laute _____ (pochen) seines Herzens.

Mit dem _____ (ertönen) des Summers stößt er die Eingangstür auf und betritt kurz darauf den Aufzug, der sich mit einem leisen _____ (surren) schließt. Er betritt den Aufzug, den er leise _____ (surren) hört, als sich die Aufzugtür schließt.

Als Ramon an Glassers Wohnungstür klingelt, hört er es metallisch _____ (knarzen) und Glasser hektisch am Türschloss _____ (herumhantieren). Als Ramon an Glassers Wohnungstür klingelt, hört er ein metallisches _____ (knarzen) und das hektische _____ (herumhantieren) Glassers am Türschloss.

Ramon greift nach seinem Messer. Das _____ (schnappen) der 15 cm langen Klinge nimmt ihm das letzte Fünkchen Angst. Ramon greift nach seinem Messer und lässt die 15 cm lange Klinge _____ (herausschnappen). Dies nimmt ihm das letzte Fünkchen Angst.

Im Moment des _____ (öffnen) seiner Wohnungstür sieht der alte Maler ein Messer auf seine Brust gerichtet und sagt zu Ramon, dass er all sein Geld haben könne und ihn umbringen solle.

Als der alte Maler seine Wohnungstür _____ (öffnen) will, sieht er ein Messer auf seine Brust gerichtet und sagt zu Ramon, dass er all sein Geld haben könne und ihn umbringen solle.

Aus Adjektiven und Partizipien Nomen/Substantive machen

Werden Adjektive und Partizipien zu Nomen/Substantiven, so gehen ihnen ebenfalls Nomensignale voran. Du musst die Adjektive/Partizipien dann großschreiben.

Sehr häufig findest du unbestimmte Mengenangaben (etwas, alles, viel, nichts, kein, wenig, allerlei, genug, manches …).

Ramon und der alte Maler Glasser werden Freunde. Ramon lernt viel Neues und Spannendes über Kunst.
Er findet, dass die Malerei etwas Tolles ist.

8 Unterstreiche die unbestimmten Mengenangaben und setzte die Adjektive/Partizipien in der richtigen Schreibweise ein. Verändere die Endungen der Adjektive/Partizipien.

- Nach dem missglückten Raubüberfall erfährt Ramon <u>etwas</u> sehr <u>Bedeutendes</u> (bedeutend), nämlich, wie wichtig es ist, einen Freund zu haben.

- Er erfährt viel _____ (interessant) aus dem Leben Arnold Glassers: Arnold Glasser war in den Dreißigerjahren ein berühmter Maler.

- Ramon blättert in einem Bildband und sieht allerlei _____ (faszinierend): Besonders gut gefallen ihm die leuchtenden Farben der Bilder. Er entdeckt etwas ganz _____ (neu): Die Welt der Malerei.

- Irgendwann sahen die Kunstkritiker in Glassers Bildern nichts _____ (besonders) mehr und er konnte seine Bilder nicht mehr verkaufen.

Groß- und Kleinschreibung 93

Auch Präpositionen, in denen der Artikel versteckt ist (am, ans, beim, im, ins, vom, zum, zur) sind Nomensignale, die dich darauf hinweisen, ursprüngliche Adjektive und Partizipien großzuschreiben.

Ramon hat nicht im Entferntesten daran gedacht, einmal ins Museum zu gehen. In seiner Freizeit lag er eigentlich lieber im Grünen und schrieb in sein Notizbuch.

Achtung! Hier musst du gut aufpassen:

Folgt der Präposition am jedoch der Superlativ (die Höchststufe), so musst du das Adjektiv kleinschreiben. Nach einem Superlativ fragt man mit „Wie?".

Dieses Bild ist am schönsten.
Am geschicktesten geht Ramon mit dem Klappmesser um.

9 Unterstreiche die Präpositionen und setzte die Adjektive/Partizipien in der richtigen Schreibweise ein.

- Glasser, der immer auf dem _____ (laufend) ist, wo es gerade eine Ausstellung gibt, schlägt Ramon vor, in das berühmte New Yorker *Metropolitan Museum of Art* zu gehen.

- Dieses Museum findet Glasser von allen New Yorker Museen am _____ (gut).

- Ramon holt Glasser zu Hause ab. Im _____ (folgend) schiebt er den Rollstuhl über die Straße, sie gehen durch den *Central Park* und erreichen das Museum.

- Sie schauen sich großartige Gemälde an; Ramon fantasiert vor diesen Bildern ins _____ (blau) hinein und schreibt abends seine Gedanken in sein Notizbuch.

- Ramon ginge jetzt am _____ (lieb) öfter ins Museum, hat aber Angst, dass Harpos Gang ihn dann total uncool findet.

- Ramon ist klar, dass in Glassers Leben viel im _____ (arg) liegt und dass der alte Maler schon lange mit niemandem mehr über seine Probleme gesprochen hat.

Groß- und Kleinschreibung

- Die beiden verbringen viel Zeit im Museum und verlassen es erst im _____ (dunkel) wieder.

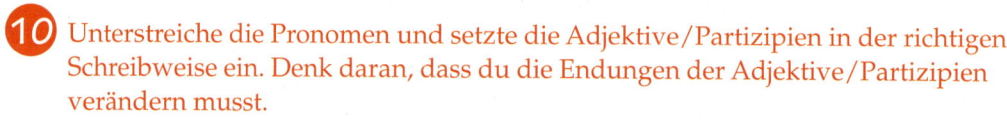

Außerdem sind Pronomen (mein, dein, sein, unser, ihr, dieses, euer …) Nomensignale, die dich daran erinnern, ursprüngliche Adjektive und Partizipien großzuschreiben.

Ramons Mutter nennt Ramon liebevoll „mein Großer".
„Unsere Besten werden in diesem Jahr auf der Abschlussfeier geehrt", versucht Ramons Klassenlehrer seine Schüler zu motivieren.
„Diese Verliebten sind manchmal ganz schön anstrengend", denkt Ramon, als sich in der Klasse mal wieder Eifersuchtsszenen abspielen.

10 Unterstreiche die Pronomen und setzte die Adjektive/Partizipien in der richtigen Schreibweise ein. Denk daran, dass du die Endungen der Adjektive/Partizipien verändern musst.

- Als Ramon ein Gemälde anfasst, sagt Glasser entrüstet: „Mein _____ (lieb), du hast wirklich überhaupt kein Benehmen!"

- Ramon und der wütende Glasser ziehen viele Blicke auf sich und Ramon denkt, dass diese vornehm _____ (lächelnd) sich gefälligst um ihren eigenen Kram kümmern sollten.

- Im Museum wimmelt es von Menschen. Manche sehen gelangweilt aus. „Ihr _____ (verrückt)!", denkt Ramon, „Ihr könntet eure Zeit doch besser im Central Park verbringen."

Groß- und Kleinschreibung 95

Weiterhin sind der bestimmte (der, die, das) und der unbestimmte Artikel (ein, eine, ein) Nomensignale, die dir zeigen, dass ursprüngliche Adjektive und Partizipien großgeschrieben werden müssen.

Das Schlimmste für Ramon ist, dass er sich im Moment allein durchs Leben schlagen muss.
Dass seine Mutter wieder gesund wird, ist für ihn das Entscheidende.

Achtung! Hier musst du gut aufpassen:
Adjektive/Partizipien, die sich auf ein vorhergehendes oder nachfolgendes Substantiv/Nomen beziehen, werden kleingeschrieben.

Ramon isst sehr gerne Steaks; besonders lecker schmecken ihm die argentinischen.
Felipe Brillenschlange ist der klügste von Ramons Freunden. Er liest gerne Bücher; die medizinischen interessieren ihn besonders.

11 Unterstreiche die Artikel und setzte die Adjektive in der richtigen Schreibweise ein.

- Nach dem Tod seiner Frau, die das _____ (wichtig) in seinem Leben war, zog Glasser sich völlig zurück und hörte auf zu malen. All seine Bilder, die _____ (groß) und die _____ (klein), brachte er auf den Dachboden.

- Manchmal sagten Bekannte über ihn: „Der _____ (verrückt) wird nie wieder der _____ (alt) werden!", und kümmerten sich nicht mehr um ihn.

- Als die beiden durch den *Central Park* schlenderten, sagte Glasser zu Ramon: „Siehst du den _____ (dick) da hinten; der hat meine Bilder in einer Kunstzeitschrift völlig niedergemacht und ich konnte nichts mehr verkaufen."

- Die _____ (groß) und _____ (bedeutend) unter New Yorks Galeristen wandten sich von Arnold Glasser ab.

Groß- und Kleinschreibung

12 Die feststehenden Ausdrücke *im Wesentlichen, im Allgemeinen, im Großen und Ganzen, im Einzelnen, im Folgenden, im Übrigen* sind in dieser Form Nomen/Substantive. Schreibe wie in dem Beispiel:

- im Wesentlichen – das Wesentliche – wesentlich
- _____
- _____
- _____
- _____
- _____

13 Schreibe die folgenden Adjektive und Partizipien in die Lücken. Denk daran, alle Adjektive/Partizipien großzuschreiben. Manchmal musst du die Steigerungsform verwenden.

laufend, gering, arg, blau, ganz, klar, gut (2x), dunkel, weit

- Ramon gibt gerne komische Geschichten zum _____.
- Da der Belämmerte Luis manchmal ein wenig beschränkt ist, kann man ihm das _____ vom Himmel herunterlügen.
- Nach einem Raubüberfall sucht Harpos Clique schnell das _____.
- Es gelingt der Polizei nicht, sie zu erwischen: Sie tappt ständig im _____.
- Ramons Vater ist ein Typ, der sofort aufs _____ geht, wenn er das Gefühl hat, ungerecht behandelt zu werden.
- Über die politische Entwicklung in seiner Heimat Puerto Rico ist er immer auf dem _____.
- Ramon hofft, dass sich alles zum _____ wendet und sein Vater bald aus dem Gefängnis entlassen wird.
- Obwohl Glasser sich im _____ darüber ist, dass Ramon Raubüberfälle begeht, hat er ihm nie das _____ vorgeworfen.
- Vielleicht deshalb nicht, weil in seinem eigenen Leben so einiges im _____ liegt.

Groß- und Kleinschreibung

14 Groß oder klein? Schreibe die Adjektive und Partizipien/Redewendungen in der richtigen Schreibweise in die Lücken. Überlege zunächst, ob es im Satz ein Nomensignal gibt. Unterstreiche es.

Ramon und Glasser – die Geschichte einer besonderen Freundschaft

Ramon ist glücklich, dass er durch den Überfall auf den _____ (alt) Maler endlich die Chance bekommt, in Harpos Clique aufgenommen zu werden. Er geht direkt aufs _____ (ganz) und bedroht den _____ (alt), gebrechlichen Mann mit seinem Klappmesser: Ramon hatte sich im _____ (voraus) alles _____ (möglich) vorgestellt. Nun ereignet sich jedoch etwas _____ (seltsam): Der Maler bittet Ramon, ihn umzubringen, da er im Leben nichts _____ (schön) mehr zu erwarten habe. Er habe viel _____ (traurig) erlebt. Das bisschen Geld, was er noch habe, könne Ramon sich aus der Küche holen. Ramon hat das Gefühl, einen _____ (verrückt) vor sich zu haben, nimmt die zwölf Dollar vom Küchentisch und verlässt blitzschnell die Wohnung. Harpo verspottet ihn, gibt ihm aber eine zweite Chance. Nachdem Ramon Glassers Wohnung komplett auf den Kopf gestellt hat, ist er sich darüber im _____ (klar), dass es hier nichts _____ (wertvoll) zu holen gibt. Das _____ (außergewöhnlich) sind allerdings die vielen Bücher und die Gemälde, die überall herumstehen. Am _____ (gut) wäre es, schleunigst zu verschwinden, da Glasser genauso arm ist wie er selbst. Als ihm Glasser dann auch noch ein Gemälde schenkt, ein sehr

_____ (farbenfroh) und _____ (schön), fühlt er sich elend.

Nach und nach entwickelt sich etwas ganz _____ (besonders) zwischen dem alten Maler und dem _____ (vierzehnjährig) Ramon. Ramon erfährt viel _____ (aufregend) und allerlei _____ (bedrückend) aus dem Leben des einst _____ (berühmt) Malers, der den _____ (richtig) Durchbruch jedoch nicht schaffte.

Doch dank Ramons Hilfe wendet sich im Leben des Malers noch einmal alles zum _____ (gut).

Es gelingt Ramon, einige von Glassers Bildern zu verkaufen und die _____ (beste) in einer Galerie auszustellen. So gewinnt Glasser etwas _____ (wichtig) zurück: seinen Lebenswillen. Er beginnt, wieder zu malen.

Glasser wiederum entdeckt das _____ (besonders) in den Texten, die Ramon in sein Notizbuch schreibt. Er findet, dass Ramon mit diesen Texten etwas _____ (großartig) geschaffen hat. Er überzeugt ihn davon, kein Weichling zu sein, wenn er Lust hat, Drehbuchautor zu werden, und ermutigt ihn, ohne sein Messer auszukommen.

Aus Zahlen Nomen/Substantive machen

Grundzahlen (Kardinalzahlen) und Ordnungszahlen (Ordinalzahlen) können zu Nomen/Substantiven werden. Auch hier musst du auf Nomensignale achten.

Bevor Ramon die Lust an der Schule verloren hat, war er ein guter Schüler: Er hatte Einsen und Zweien auf dem Zeugnis (Grundzahl).
Harpo liebt Fußball und ist ein großer Fan von Ronaldo. Deshalb trägt er die Sieben auf seinem T-Shirt (Grundzahl).
Harpo war der Erste, der Ramon geglaubt hat, dass Glasser arm wie eine Kirchenmaus ist (Ordnungszahl).

Groß- und Kleinschreibung

15 Groß oder klein? Grundzahl oder Ordnungszahl? Schreibe die Zahlen als Wörter in die Lücken.

- Ramons Eltern sind arm und so wissen sie oft nicht, wie sie die am Ersten (1) fällige Miete zahlen sollen.
- Deswegen haben die _____ (2) sich früher oft gestritten.
- Ramon, der _____ (3) im Bunde, konnte die ewigen Streitereien nicht gut ertragen.
- Manchmal haben sich die beiden auch Geld von der Nachbarin Mrs. Garcia geliehen und versichert, es ihr in _____ (15) Tagen zurückzuzahlen.
- Harpos Gang trifft sich an jedem _____ (10) des Monats an ihrem Geheimplatz.
- Um sich fit zu halten, trainieren Harpo, der Belämmerte Luis, Angel und Julio den Hundertmetersprint. Der Belämmerte Luis kommt leider immer nur als _____ (5) ins Ziel.
- Ramon besucht seine Mutter _____ (3-mal) in der Woche im Krankenhaus.

Anredepronomen großschreiben

Das Anredepronomen für die höfliche Anrede Sie und seine gebeugten Formen (Ihrer, Ihnen) sowie die entsprechenden besitzanzeigenden Pronomen ihr und all seine gebeugten Formen (ihre, ihres, ihrer, ihrem, ihren) schreibt man groß: Ihre, Ihres, Ihrer, Ihrem, Ihren

„Könnten Sie sich bitte ein bisschen mehr um meine Mutter kümmern?", fragt Ramon die Krankenschwester im *Westside Hospital*. „Ich wäre Ihnen wirklich sehr dankbar."

Anredepronomen kleinschreiben

Die Anredepronomen du und ihr sowie die entsprechenden besitzanzeigenden Pronomen dein und euer und all ihre gebeugten Formen (deine, deines, deiner, deinem, deinen, eure, eures, eurer, eurem, euren) schreibt man klein. In Briefen, Postkarten und Einladungen kannst du sie auch großschreiben. Dabei musst du jedoch einheitlich verfahren.

Liebe Mama,
wenn du/Du wieder zu Hause bist, wird die Wohnung blitzblank sein und es werden überall deine/Deine Lieblingsblumen stehen. Dein Ramon.

16 Nach dem Überfall auf den alten Maler schreibt Ramon ihm einen Brief. Schreibe diesen Brief in der Höflichkeitsform in dein Heft.

Lieber Arnold Glasser,

noch nie habe ich einen Menschen wie dich kennengelernt: Ich habe dich mit einem Messer bedroht, deine Wohnung total verwüstet und verzweifelt nach deinem Geld gesucht. Dir schien alles egal zu sein; du wolltest sogar, dass ich dich umbringe. Als ich dann eines deiner Bilder bewunderte und sagte, es erinnere mich an die Papierdrachen im *Central Park* und an einen Himmel voller Überraschungen, hast du meine Sprache gelobt. In diesem Moment habe ich gedacht, dass du völlig verrückt bist. Ich wollte nur noch raus aus deiner Wohnung, obwohl ich mich mit der mickrigen Beute von 12 Dollar kaum zu Harpo traute. Wie erwartet hat mich Harpos Gang zur Schnecke gemacht. Niemand glaubte mir, dass bei dir nichts zu holen sei. Da ich in die Gang wollte, musste es einen erneuten Überfall auf dich geben.
Also verschaffte ich mir mit einem kleinen Trick Zugang zu deiner Wohnung. Ein Blick in deinen Kühlschrank hat mir klargemacht, dass du genauso arm bist wie ich. Hier gab es nichts außer einem Stück altem Käse, einer fast faulen Banane, zwei Äpfeln und einem Stückchen Brot. Wie du dir sicherlich vorstellen kannst, habe ich mich total elend gefühlt.
Für mein mieses Verhalten möchte ich dich um Entschuldigung bitten.

Dein Ramon

Sehr geehrter Herr Glasser,

noch nie habe ich einen Menschen wie Sie kennengelernt: Ich habe Sie mit einem Messer bedroht, Ihre Wohnung total verwüstet ...

Tageszeiten und Wochentage großschreiben

Tageszeiten und Wochentage werden sehr häufig als Nomen/Substantive gebraucht. Du musst sie dann großschreiben.
Vor ihnen stehen der bestimmte (der, die, das) oder der unbestimmte (ein, eine, ein) Artikel, ein Pronomen (mein, dein, sein, unser, ihr, dieser, jeder, euer ...) oder eine Präposition mit eingeschlossenem Artikel (am, ans, beim, im, ins, vom, zum, zur).

Ramon hat öfter die Schule geschwänzt; aber da der Vormittag doch ganz schön langweilig war, geht er jetzt wieder regelmäßig zur Schule.
Seitdem Ramon Glasser kennt, ist jeder Mittwoch ein Museumstag.
Am frühen Abend sieht die Skyline von New York super aus.

Nach den Zeitadverbien vorgestern, gestern, heute, morgen und übermorgen werden Tageszeiten immer großgeschrieben.

Gestern Abend hat sich Harpos Clique an ihrem Geheimplatz getroffen und Pläne für weitere Raubüberfälle ausgeheckt.

Tageszeiten und Wochentage kleinschreiben

Tageszeiten und Wochentage werden immer dann kleingeschrieben, wenn etwas regelmäßig geschieht. Sie enden dann auf -s.

Glasser und Ramon verbringen mittwochs viel Zeit im Museum.

Achtung! Hier musst du gut aufpassen:
Steht vor diesen Tageszeiten/Wochentagen jedoch ein Nomensignal, so werden sie großgeschrieben.

Eines Nachts wacht Ramon nach einem Alptraum auf: Es gab überall nur tote Ratten.
Ramon weiß eines Morgens, dass er keine Raubüberfälle mehr machen wird, sondern Schreiberling wird.

Die Zeitadverbien morgen, gestern, heute, vorgestern und übermorgen schreibst du klein.

Ramon besucht seine Mutter morgen im Krankenhaus.

Groß- und Kleinschreibung

17 Groß oder klein? Schreibe die Zeitadverbien in der richtigen Schreibweise in die Lücken.

- Am Mittwochmorgen (?ittwochmorgen) ist das Chaos in der Mathestunde wieder besonders groß. Der Mathelehrer bietet demjenigen, der ein rechtwinkliges Dreieck zeichnen kann, sogar einen Dollar.
- Das Chaos in der Mathestunde ist _____(?ittwochs) _____(?orgens) immer besonders groß.
- Obwohl Ramon _____(?eute ?orgen) gar keine Lust hat, in der Schule zu bleiben, schwänzt er nicht mehr.
- Eines _____(?orgens) hatten die Lehrer ihn nämlich erwischt und ihm Sozialstunden aufgebrummt, da er schon oft geschwänzt hatte.
- Er entscheidet sich dafür, am späten _____(?achmittag) in den *Central Park* zu gehen, um dort Glassers Ölgemälde zu verkaufen.
- An schönen Tagen wimmelt es _____(?achmittags) im *Central Park* nur so von Menschen.
- Bis in den frühen _____(?bend) hinein versucht Ramon, die Bilder zu verkaufen, aber niemand interessiert sich dafür.
- Ein netter Polizist gibt ihm den Tipp, es _____ (?orgen) in den Kunstgalerien der *Madison Avenue* zu versuchen.

Groß- und Kleinschreibung

Teste dein Wissen 6

1. Unterstreiche die Nomensignale, die dir verraten, dass Verben, Adjektive und Zeitangaben großgeschrieben werden. Schreibe den Text dann in der richtigen Schreibweise in dein Heft.

Ramons Geheimplatz

Am **m/M**ittwochnachmittag verlassen Ramon und der alte Maler das *Metropolitan Museum of Art* erst im **d/D**unkeln. Es ist spät geworden, da es im Museum viel **i/I**nteressantes und **f/F**aszinierendes zu entdecken gab. Vom vielen **z/Z**uhören ziemlich ermüdet – Glasser musste wirklich jedes Bild **k/K**ommentieren! – schiebt Ramon nun den Rollstuhl langsam durch den *Central Park*. Beim **s/S**chlendern durch den Park fühlt er sich verfolgt. Er glaubt, den Belämmerten Luis erkannt zu **h/H**aben, der sich aber blitzschnell im Gebüsch versteckt. Ramon bringt Glasser nach Hause. Als Ramon sein Viertel erreicht, taucht da schon wieder der Belämmerte Luis auf. „Ich kümmere mich am **b/B**esten gar nicht um ihn", beruhigt er sich. Ich weiß, dass sein **m/M**irnachspionieren damit zu tun hat, dass die Clique mir misstraut. Sie glaubt mir nicht, dass Glasser genauso arm ist wie wir alle." Vor dem **e/E**inschlafen denkt Ramon noch, dass er **m/M**orgen unbedingt zu seinem Geheimplatz **g/G**ehen muss. Er braucht einfach Zeit zum **n/N**achdenken.
So macht er sich **n/N**achmittags auf den Weg zum alten Eisenbahngraben: Hier gibt es viel Müll und allerlei **a/A**usrangiertes: alte Kühlschränke, Matratzen, kaputte Fernseher und anderen Elektroschrott. Das **g/G**ute an diesem Platz ist, dass hier nie jemand hinkommt.

Ramon versucht, sich daran zu erinnern, was Glasser über sein **s/S**chreiben gesagt hat. Er hält ihn für etwas **b/B**esonderes, bewundert das **f/F**antasievolle und **p/P**oetische in seinen Texten und meint, dass er gar kein Messer brauche. Das **e/E**ntscheidende aber sei, dass Ramon seinen eigenen Weg **f/F**inden müsse.

 2 Lass dir den Text diktieren oder schreibe ihn als Laufdiktat.

Der Kampf im Eisenbahngraben

Auf einmal hört Ramon das Knirschen des Kieses und sieht Harpo, den Belämmerten Luis, Angel und Julio den Abhang zu seinem Geheimplatz herunterrutschen. Sie zücken ihre Messer und beschimpfen ihn aufs Übelste. Für sie ist Ramon ein Verräter, ein mieser *bastardo*. Ihr Herumhantieren mit den glänzenden Messerklingen hat etwas sehr Bedrohliches. Wie eine Mauer stehen sie vor dem schmächtigen Ramon.

Auch wenn Ramon am geschicktesten im Umgang mit dem Messer ist, weiß er, dass seine Chance in diesem unfairen Kampf gleich Null ist. Die Vier stürzen sich auf Ramon, man sieht nur noch das Schwirren der Messerklingen und das wilde Herumwirbeln von Armen und Beinen. Auf einmal spürt Ramon das Eindringen eines Messers in seine Schulter. Er sieht, dass Blut über seine Schulter läuft und weiß nicht einmal, wessen Messer es war. Dennoch kämpft er verbissen weiter.

Doch als Julio ihn von der Seite packt, stürzt er zu Boden und etwas Kaltes fährt in seinen Hals. Sekunden später fühlt Ramon ein starkes Brennen und weiß, dass Harpos Messer ihn direkt neben der Halsschlagader getroffen hat. Ramon hat in seinem Leben schon viel Schwieriges durchgestanden, sich aber niemals so hilflos und allein gefühlt.

 3 Nun bist du der Lehrer/die Lehrerin. Unterstreiche die Fehler in den Sätzen zunächst mit Rot. Schreibe die Sätze dann in der richtigen Schreibweise in dein Heft. Am Rand siehst du vermerkt, wie viele Fehler sich eingeschlichen haben: I, II oder III.

Ramons Entscheidung

- Um die Starke Blutung zu stoppen, presst Ramon fast ohnmächtig vor Schmerz seine Faust in die Wunde.   I

- Das unaufhörliche hervorquellen des Blutes ist jedoch nicht zu stoppen.   I

Groß- und Kleinschreibung 105

- Beim Mühevollen hinaufklettern auf die Böschung des Eisenbahngrabens fühlt Ramon, dass sich etwas entsetzliches in seinem Kopf breit macht: Die Angst, zu Verbluten.   IIII

- Mit letzter Kraft erreicht er die Straße und spürt das versagen seiner Beine.   I

- Zusammengekauert liegt er auf dem Bürgersteig, als er verschwommen eine Stimme hört: „Der Junge Mann stirbt; rufen sie schnell einen Notarzt. Sie haben doch ihr Handy dabei."   III

- Im OP spürt Ramon die Hektik der Ärzte, sieht all die Monitore, Apparaturen und Spritzen und zwingt sich, an etwas schönes zu denken.   I

- Als er aus der Narkose aufwacht, ist sein erster Gedanke, dass er Nachmittags mit Glasser verabredet ist. Er wollte Glasser damit überraschen, dass dessen Bilder in Nielsons Galerie ausgestellt werden. Nielson bereitet nämlich zum nächsten ersten eine Ausstellung über die Malerei der dreißiger Jahre vor.   II

- Ramon ist sich im klaren darüber, dass er nichts mehr mit Harpos Gang zu tun haben will.   I

- Er verspricht Glasser, sich von seinem Messer zu trennen, und weiß nun, dass das das einzig richtige ist.   I

Haltestelle

Groß- und Kleinschreibung

1 Nomen/Substantive musst du immer großschreiben.

eine Jugendgang, die Kunst, ihr Streit, New York

2 Verben im Infinitiv, Adjektive und Partizipien können wie Nomen/Substantive gebraucht werden. Du musst sie dann großschreiben. Erkennungszeichen für eine Nominalisierung/Substantivierung sind:

- der bestimmte (der, die, das) und der unbestimmte (ein, eine, ein) Artikel

  Das tägliche Trainieren mit seinem Klappmesser ist für Ramon sehr wichtig. Die Reichen und Schönen schlendern gerne durch die vornehmen Geschäfte und Galerien der *Madison Avenue*. Das Spannendste in Ramons Leben ist seine Freundschaft mit dem alten Maler.

- Pronomen (mein, dein, sein, unser, ihr, dieses, euer ...)

  Sein großartiges Beherrschen des Klappmessers hat ihm dieses gemeine Hänseln von Harpos Clique erspart. Felipe Brillenschlange musste ihr Feixen oft ertragen.

- Präpositionen, in denen ein Artikel versteckt ist (am, ans, beim, im, ins, vom, zum, zur)

  Beim Verlassen des Krankenhauses hofft Ramon, dass seine Mutter bald wieder gesund wird und sich alles zum Guten wendet.

- unbestimmte Mengenangaben (etwas, alles, viel, nichts, kein, wenig, allerlei, genug, manches ...)

  Alles Reden mit Harpo und der Clique führt zu nichts: Sie glauben Ramon nicht, dass Glasser genauso arm ist wie sie selbst. Es geschieht etwas wirklich Schlimmes: Ramon wird krankenhausreif geschlagen.

- gebeugte Adjektive (Eigenschaftswörter, die auf -es enden) (schönes, neues, witziges, entsetzliches ...)

  Sorgfältiges Organisieren der Raubüberfälle ist die Sache des Bandenchefs Harpo.

Groß- und Kleinschreibung

3 Auch Grundzahlen (Kardinalzahlen) und Ordnungszahlen (Ordinalzahlen) können zu Nomen/Substantiven werden.

Die Sieben ist Ramons Lieblingszahl.
Der langsame Knuth wird das Ziel immer nur als Fünfter erreichen.

4 • Tageszeiten und Wochentage werden großgeschrieben, wenn sie als Nomen/Substantive gebraucht werden. Großgeschrieben werden sie auch nach den Zeitangaben (Zeitadverbien) vorgestern, gestern, heute, morgen und übermorgen.

Ramon und Glasser gehen am Mittwoch ins Museum. Gestern Nachmittag hat Ramon Kunstgalerien abgeklappert, um Bilder zu verkaufen.

• Tageszeiten und Wochentage werden immer dann kleingeschrieben, wenn etwas regelmäßig geschieht. Sie enden dann auf -s. Steht vor diesen Tageszeiten/Wochentagen jedoch ein Nomensignal, so werden sie großgeschrieben.

Ramon und Glasser gehen mittwochs ins Museum, da Ramon mittwochs nachmittags (auch: mittwochnachmittags) schulfrei hat.

Eines Mittwochs jedoch hat das Museum aufgrund von Renovierungsarbeiten geschlossen.

• Zeitadverbien wie morgen, gestern, heute, vorgestern und übermorgen schreibst du immer klein.

Glasser ging es gestern gar nicht gut, da er starke Schmerzen hatte.

5 Das Pronomen für die höfliche Anrede Sie und das entsprechende besitzanzeigende Pronomen Ihr schreibt man in allen grammatischen Fällen groß.
Auch die persönlichen Anredepronomen du und ihr sowie die entsprechenden besitzanzeigenden Pronomen dein und euer kannst du in Briefen, Einladungen und Postkarten in allen grammatischen Fällen großschreiben.

„Könnten Sie sich vorstellen, die Ölgemälde des berühmten Arnold Glasser auszustellen? Man wird sie Ihnen sicher schnell abkaufen", sagt Ramon zu einem Galeristen der *Madison Avenue*.

Zusammenschreiben oder getrennt schreiben?

Verbindungen mit Verben

Verben mit Vorsilben zusammenschreiben

Verben, die mit Wortbausteinen gebildet werden, schreibst du zusammen. Es gibt insgesamt ca. 90 Präpositionen und Adverbien, die mit Verben eine Zusammensetzung bilden. Die folgenden werden besonders häufig für Zusammensetzungen verwendet:

ab-	einher-	herum-	hinzu-	vorbei-
abhanden-	empor-	herunter-	inne-	vorher-
an-	entgegen-	hervor-	los-	vorüber-
auf-	entlang-	hin-	mit-	vorweg-
aus-	entzwei-	hinab-	nach-	weg-
bei-	fort-	hinauf-	nieder-	weiter-
davon-	gegenüber-	hinaus-	über-	wider-
dazu-	her-	hindurch-	überein-	wieder-
dazwischen-	herab-	hinein-	um-	zu-
drauf-	heran-	hintenan-	umher-	zurecht-
drauflos-	herauf-	hinterher-	uner-	zurück-
drin-	heraus-	hinüber-	vor-	zusammen-
durch-	herein-	hinunter-	voran-	zuvor-
ein-	herüber-	hinweg-	voraus-	zuwider-

Bei den Zusammensetzungen liegt die Betonung fast immer auf einer Silbe des Wortbausteins.
dazugehören, zurückkommen, übereinstimmen, loslassen, weggucken
Die Zusammensetzung bleibt auch erhalten, wenn die Partikel zu dazwischentritt.
anzukommen, mitzudenken, loszufahren, zurechtzukommen

 Wie viele Verben fallen dir in zwei Minuten ein, die mit den Wortbausteinen *zurück*, *an*, *nach* und *vorbei* gebildet werden? Schreibe sie in dein Heft und zähle sie anschließend.

Zusammenschreiben oder getrennt schreiben? 109

2 Im folgenden Buchstabenviereck sind insgesamt 16 Zusammensetzungen aus einem Verb und einem Wortbaustein aus der Liste auf S. 108 enthalten. Schreibe sie in dein Heft.

A	U	F	S	T	E	H	E	N	A	B	D	E	L	M
T	Ü	B	E	R	E	I	N	S	T	I	M	M	E	N
I	E	W	E	C	M	I	T	D	E	N	K	E	N	E
K	Z	L	T	I	S	N	A	C	H	G	E	B	E	N
A	U	T	K	L	B	I	T	R	E	M	M	U	O	T
I	R	Z	U	V	O	R	K	O	M	M	E	N	B	G
N	E	V	O	R	B	E	I	F	A	H	R	E	N	E
N	C	M	D	S	A	K	L	N	J	I	O	M	T	G
E	H	D	F	G	H	A	U	F	G	E	B	E	N	E
H	T	A	J	K	Z	U	H	Ö	R	E	N	Z	U	N
A	F	L	B	M	P	W	A	S	D	G	N	D	F	K
L	I	W	E	G	S	C	H	A	U	E	N	A	S	O
T	N	D	F	G	E	J	K	L	P	T	R	W	A	M
E	D	S	T	U	I	B	L	K	P	O	R	Q	A	M
N	F	D	A	Z	U	G	E	H	Ö	R	E	N	U	E
B	N	F	G	A	W	E	G	N	E	H	M	E	N	N

3 Unterstreiche in den Sätzen alle zusammengesetzten Verbformen und schreibe sie heraus.

Sinnesorgan Ohr

- Das Ohr ist das Sinnesorgan des Menschen, das am besten und frühesten ausgebildet ist.
- Es ist bereits ab der 16. Schwangerschaftswoche so weit entwickelt, dass es Informationen aufnehmen, umwandeln und weiterleiten kann.
- Ein ungeborenes Kind kann bereits ab dem fünften Monat Töne aufnehmen und Stimmen unterscheiden.

- Man hat herausgefunden, dass ein Baby eine Geschichte dann besonders gerne hört, wenn sie ihm im Mutterleib schon vorgelesen worden ist, weil es diese wiedererkennt.
- Der Hörsinn entwickelt sich vor allem in den ersten drei bis fünf Lebensjahren und wird durch akustische Reize angeregt. Das Gehirn lernt die akustischen Signale, die eintreffen, zu deuten.
- Das Gehirn kann diese Signale aber auch falsch deuten. Hält man beispielsweise eine Muschel ans Ohr, glaubt man, die Meeresbrandung zu hören, aber man hört nur das eigene Blut, dessen Rauschen aus der Muschel zurückgeworfen wird.
- Unser Ohr kann 400 000 Töne unterscheiden und auch bestimmen, wo diese herkommen. So können wir herausfinden, ob ein Ton von rechts oder links herannaht.
- Der Mensch kann nicht alle Geräusche hören, die ihn umgeben. Das menschliche Gehör kann nur eine Frequenz von 15 bis 20 000 Hertz wahrnehmen. Geräusche, die nicht in diesem Frequenzbereich liegen, hört der Mensch nicht.

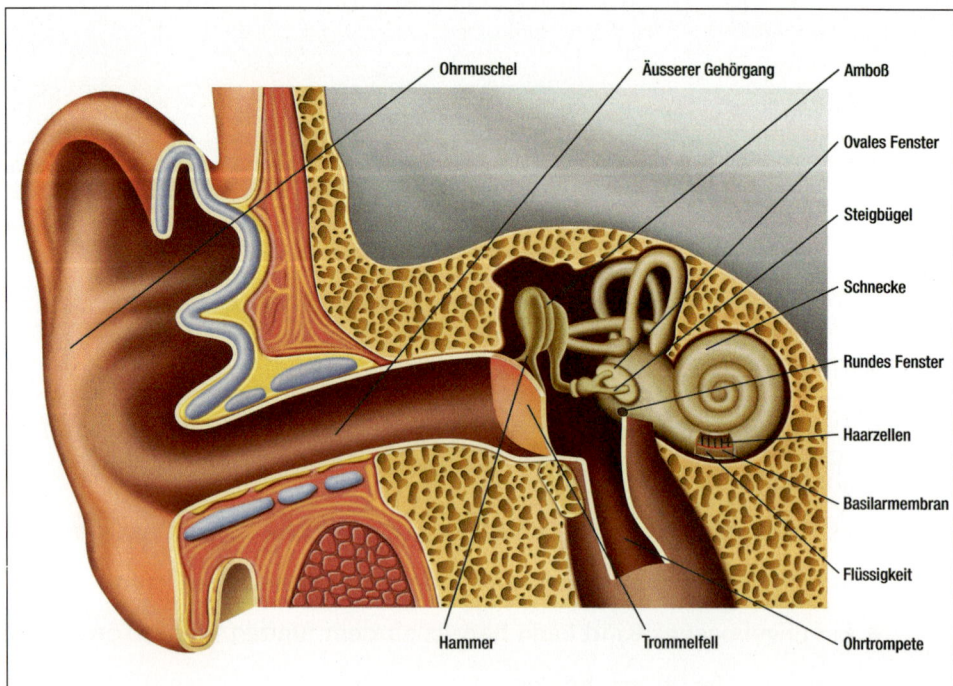

Zusammenschreiben oder getrennt schreiben? 111

Verben mit Vorsilben getrennt schreiben

In einigen Fällen werden die Zusammensetzungen aus einem Wortbaustein aus der Liste auf S. 108 und einem Verb getrennt geschrieben. Dann ist nicht der Wortbaustein, sondern das Verb oder beides betont. Außerdem verändert sich die Bedeutung der Formulierung.

Ich möchte dich gerne wiedersehen.　　Nach der Operation kann sie wieder sehen.

Er ist noch einmal davongekommen.　　Deine guten Noten sind davon gekommen, dass du viel gelernt hast.

 4 Sprich die folgenden Sätze deutlich aus und entscheide, wie die großgeschriebenen Verbindungen geschrieben werden. Schreibe die Sätze noch einmal richtig in dein Heft.

- Ich sah ihn DAHERKOMMEN. Er sah sehr müde aus.
- Meine Deutscharbeit ist gut ausgefallen. Das wird DAHERKOMMEN, dass ich viel gelernt habe.
- Willst du DABEISITZEN, während ich die Vokabeln lerne?
- Willst du DABEISITZEN oder lieber stehen?
- Der Abend war sehr lustig. Es sind noch einige Freunde von uns DAZUGEKOMMEN.
- Leider sind wir gar nicht DAZUGEKOMMEN, uns zu unterhalten. Die Musik war zu laut.
- Dieses Wort wird ZUSAMMENGESCHRIEBEN.
- Sie haben das Buch ZUSAMMENGESCHRIEBEN.
- Ich habe den Ball verschlagen. Kannst du ihn bitte WIEDERHOLEN?
- Wir haben dieses Thema schon so oft WIEDERHOLT.
- Gute Freunde können sich in schlechten Zeiten AUFEINANDERVERLASSEN.
- In meinem Praktikum musste ich den ganzen Tag Kisten AUFEINANDERSTAPELN.
- In der Fahrstunde wollte ich RÜCKWÄRTSEINPARKEN.
- Deshalb bin ich RÜCKWÄRTSGEFAHREN.
- Bestimm wirst du in deiner neuen Schule gut ZURECHTKOMMEN.
- Du erhältst diese Urkunde ZURECHT, weil du der Beste gewesen bist.

Zusammenschreiben oder getrennt schreiben?

Zwei aufeinanderfolgende Verben getrennt schreiben

Folgen zwei Verben aufeinander, schreibst du sie in der Regel getrennt. Das gilt auch dann, wenn sich die Form der Verben verändert.

Ich werde am Wochenende spazieren gehen.
Am Wochenende bin ich spazieren gegangen.
Ich freue mich darauf, nächstes Wochenende wieder spazieren zu gehen.

Werden diese Verben allerdings in einem Satz wie ein Nomen/Substantiv gebraucht, schreibst du sie groß und zusammen.

Beim Spazierengehen bekomme ich gute Laune.
Das Spazierengehen ist gesund.

5 Bilde aus dem Wortmaterial möglichst viele Verbindungen.

baden	lesen	gehen	lassen	
üben	bekommen	gehen	lernen	verloren
schlafen	tanzen		geschenkt	
arbeiten	sehen		laufen	bekommen
	gehen	liegen		
schreiben			gesagt	gegangen
	getrennt			

baden gehen,

6 Bilde anschließend mit jeder Verbindung einen vollständigen Satz.

Ich mag es, im Sommer im Meer baden zu gehen.

Verbindungen mit den Verben bleiben und lassen

Treffen zwei Verben aufeinander, wobei das zweite Verb bleiben oder lassen ist, hängt die Schreibweise von der Bedeutung ab. Man schreibt getrennt, wenn keine übertragene Bedeutung vorliegt. Bei einer übertragenen Bedeutung kannst du den Ausdruck getrennt oder zusammenschreiben.

keine übertragene Bedeutung	eine übertragene Bedeutung
sitzen bleiben	sitzenbleiben/sitzen bleiben (nicht versetzt werden)
stehen lassen	stehenlassen/stehen lassen (sich abwenden)
liegen bleiben	liegenbleiben/liegen bleiben (unerledigt bleiben)

7 Erkläre die unterschiedliche Bedeutung der folgenden Sätze.

- Ich habe den Mülleimer stehen gelassen.
  Sie hat ihre Freundin einfach stehengelassen (stehen gelassen).

- Ich habe meine Jacke im Reitstall hängen lassen.
  Meine Freundin hat mich letzte Woche hängenlassen (hängen lassen), obwohl ich ihre Untertützung gebraucht hätte.

- Sie befürchtete, dass sie bei ihrem Vortrag steckenbleibt (stecken bleibt). Aber sie kam kein einziges Mal ins Stocken.
  Letzte Woche sind wir mit dem Wagen im Schlamm stecken geblieben.

- Die ganze Arbeit ist liegengeblieben (liegen geblieben), weil ich mir eine Woche Urlaub genommen habe.
  Er war heute morgen so müde, dass er am liebsten liegen geblieben wäre.

- Im letzten Schuljahr ist sie leider sitzengeblieben (sitzen geblieben).
  Möchtest du noch etwas auf der Bank sitzen bleiben?

- Dieses Ergebnis kann sich wirklich sehenlassen (sehen lassen).
  Nach seinem Umzug hat er sich nur noch selten sehen lassen.

114 Zusammenschreiben oder getrennt schreiben?

Verbindungen mit dem Hilfsverb sein getrennt schreiben

Du schreibst Verbindungen mit dem Hilfsverb sein immer getrennt.

dabei sein, dafür sein, zusammen sein, zurück sein

8 Suche weitere Wörter, die sich mit dem Hilfsverb sein verbinden lassen, trage sie in die leeren Blütenblätter der Wortblume „sein" ein und schreibe sie auf die Linien.

feige sein, _____

_____

_____

_____

Zusammenschreiben oder getrennt schreiben?

Verbindungen mit Nomen/Substantiven

Nomen/Substantiv und Verb getrennt schreiben

Du schreibst Verbindungen aus einem Nomen/Substantiv und Verb in der Regel getrennt.

Rad fahren, Auto fahren, Ski laufen, Bescheid wissen, Rat suchen

Wird eine solche Verbindung aber wie ein Adjektiv gebraucht, das z. B. das Nomen/Substantiv näher beschreibt, kannst du diese Verbindung sowohl getrennt als auch zusammenschreiben.

Schüler müssen vorsichtig sein, wenn sie Rad fahren, da der Verkehr immer mehr zunimmt.	Die radfahrenden/Rad fahrenden Schüler müssen morgens vorsichtig sein, da der Verkehr immer mehr zunimmt.
Es gibt Lerntechniken, die den Schülern Zeit sparen.	Zeitsparende/Zeit sparende Lerntechniken sollte man als Schüler kennen.

9 Unterstreiche in dem Text alle Verbindungen, die aus Nomen/Substantiv und Verb bestehen.

Das Gehör schützen

Jeder Mensch sollte gut darüber Bescheid wissen, wie er sein Gehör schützen kann. Das Gehör verschlechtert sich mit zunehmendem Alter, aber bereits viele junge Leute hören schlecht, weil sie ihren Ohren keine Ruhe gönnen. Gerade auf ein gutes Gehör sollte man aber Wert legen.
Ein Besuch in der Diskothek kann Angst machen. Denn hier erreicht der Schallpegel durchaus 110 Dezibel, ab 85 schreibt das Gesetz einen Hörschutz vor. Damit man in Discos und auf Partys weiterhin seinen Spaß haben und laute Musik hören kann, sollte man vielleicht über Ohrenstöpsel nachdenken. Ständiger Lärm kann Stress auslösen und dauerhaft zu Hörschäden führen.
Ein Hörschaden durch Lärm entsteht im Innenohr: Haarsinneszellen knicken ab und verlieren die Fähigkeit, die Schwingungen als Nervenreize weiterzulei-

Zusammenschreiben oder getrennt schreiben?

ten. Zerstörte Haarsinneszellen erholen sich nicht mehr, die Hörschäden bleiben irreparabel.
Viele Menschen unterschätzen den Lärmpegel, der sie ständig umgibt. Besorgnis erregen auch viele Kinderspielzeuge. Werden diese zu nah an das Ohr gehalten, entstehen Schädigungen. Rassel, Triller oder Spielzeugpistolen erreichen einen Pegel, der gesundheitsschädlich ist. Auch die Lautstärke in Schulen kann zu Hörschäden führen. Klassenräume hallen, Schüler und Schülerinnen lärmen und unsere Ohren leiden. Deshalb sollte sich jeder Mühe geben und seine Ohren schützen, indem er hin und wieder die Stille genießt.

10 Verbinde die Nomen/Substantive und Verben zu sinnvollen Ausdrücken und schreibe sie in dein Heft.

Nomen/Substantiv	Verb
Vertrauen	nehmen
Furcht	fangen
Recht	üben
Rücksicht	geben
Nachsicht	erwecken
Ruhe	einflößen
Aufsehen	fassen
Feuer	haben
Fuß	erregen

Zusammenschreiben oder getrennt schreiben? 117

Nomen/Substantiv	Verb
Frieden	finden
Unheil	laufen
Wort	verkünden
Verdacht	schließen
Anklang	halten
Ausschau	nehmen
Gefahr	bringen
Ernst	halten
Schritt	sparen
Anteil	hegen
Gefahr	halten
Zeit	machen

11 Schreibe die folgenden Sätze noch einmal richtig in dein Heft. In manchen Sätzen wird die Verbindung von Nomen/Substantiv und Verb wie ein Adjektiv gebraucht. Schreibe in diesen Fällen beide möglichen Schreibweisen auf.

Rund ums Hören

- Es gibt einige wenige Menschen, die mit den OHRENWACKELN können. OHRENWACKELNDE Menschen sind eher selten. Die besten Ohrenwackler sind übrigens Katzen: Sie haben mehr als 20 Muskeln in ihrem Ohr.

- Die Ohren sind aber in erster Linie nicht zum Wackeln, sondern zum Hören da. Der Mensch hört, weil es Schallwellen gibt, die durch Schwingungen in der LUFTENTSTEHEN.

- Der Mensch ist also immer von GERÄUSCHENUMGEBEN. Selbst im Schlaf sind die Ohren auf EMPFANGGESTELLT.

- Absolute Stille gibt es nur im Weltraum, weil es dort keine Luft gibt und sich somit kein SCHALLAUSBREITEN kann.

- Menschen hören aber auch in einem SCHALLGESCHÜTZTEN Raum noch etwas, nämlich ein leises Sirren oder Pfeifen. Das ist ein Eigengeräusch des Ohres, das normalerweise vom Gehirn herausgefiltert wird.

Zusammenschreiben oder getrennt schreiben?

- Menschen, bei denen dieser Filter nicht mehr funktioniert, leiden unter einem sogenannten Tinnitus. Weil das ständige Surren und Brummen im Ohr auf die Dauer belastend ist, wenden sie sich oft HILFESUCHEND an viele Ärzte.
- Es gibt Behandlungen, die bei einem Tinnitus ERFOLGVERSPRECHEN.
- ERFOLGVERSPRECHEND sind beispielsweise Therapien, die den LEIDGEPRÜFTEN Patienten zeigen, wie man die unliebsamen Ohrgeräusche überhören kann.
- Jeder sollte seine OHRENSCHÜTZEN, indem er hohe Lautstärken meidet und im Zweifelsfall einen Gehörschutz nutzt.
- Die BESORGNISERREGENDE Lautstärke in den Diskotheken führt nicht selten zu Hörschäden bei Jugendlichen.
- Ca. 15 Millionen Menschen leiden in der Bundesrepublik unter Hörstörungen. Vielen von ihnen könnte ein Hörgerät helfen. Aber für viele ist es auch heute noch eine FURCHTEINFLÖSSENDE Vorstellung, ein Hörgerät zu tragen.
- Gerade junge Menschen machen aber VERTRAUENERWECKENDE Erfahrungen mit dem Tragen eines Hörgerätes. Denn sie sind flexibler und können sich noch besser umstellen als ältere Menschen.

Nominalisierungen/Substantivierungen zusammenschreiben

Wird die Verbindung aus Nomen/Substantiv und Verb nominalisiert/substantiviert, schreibst du diese zusammen.

Unser gemeinsames Radfahren macht mir Spaß.
Das Autofahren sollte schon mit 16 Jahren erlaubt werden.
Beim Skilaufen bin ich glücklich.

 Nominalisiere die folgenden Verbindungen, wie es im Beispiel vorgegeben ist, und schreibe die Sätze in dein Heft.

Karten spielen, Zeitung lesen, Abschied nehmen, Zug fahren, Atem holen, Fahrrad fahren, Maschine schreiben, Schlange stehen, Golf spielen, Ski laufen, Musik hören

Beim Kartenspielen gewinne ich immer.

Verblasste Nomen/Substantive zusammenschreiben

Verbindungen aus Nomen/Substantiven und Verben, in denen du das Nomen/Substantiv nicht mehr erkennst, weil es seine urprüngliche Bedeutung verloren hat, schreibt man in der Regel zusammen.

heimreisen, heimkommen, irreführen, preisgeben, standhalten, bruchrechnen, kopfrechnen, sonnenbaden, segelfliegen, wettlaufen, notlanden, seiltanzen, schlafwandeln, wehklagen, wetteifern, maßregeln, handhaben

13 In dem folgenden Buchstabenviereck findest du noch 14 weitere verblasste Nomen/Substantive. Schreibe sie heraus.

S	T	A	T	T	G	E	B	E	N	Q	W	R	T	Z
D	F	S	C	H	L	A	F	W	A	N	D	E	L	N
S	B	G	H	J	K	E	I	S	L	A	U	F	E	N
C	L	E	L	E	I	D	T	U	N	M	F	T	D	M
H	H	N	R	M	K	E	R	T	Z	T	S	E	S	A
U	F	A	G	G	A	B	C	D	U	E	T	I	A	K
T	D	L	U	E	S	F	G	H	T	I	A	L	K	O
Z	Z	A	I	S	J	T	K	L	J	L	I	N	H	P
I	R	M	N	M	H	N	E	O	H	H	T	E	Z	F
M	T	N	P	K	Q	A	R	S	G	A	F	H	U	S
P	P	V	T	U	S	V	L	N	G	B	I	M	I	T
F	E	C	Q	W	I	A	U	T	F	E	N	E	O	E
E	D	I	K	L	J	M	G	D	E	N	D	N	P	H
N	H	A	N	D	H	A	B	E	N	N	N	E	T	L	E
W	E	T	T	M	A	C	H	E	N	A	N	F	N	N
A	S	C	H	L	U	S	S	F	O	L	G	E	R	N

Zusammenschreiben oder getrennt schreiben?

14 Bei den Ausdrücken, die das Bilderrätsel darstellt, sind beide Schreibweisen möglich. Du kannst sie also zusammen und kleinschreiben oder aber getrennt mit großgeschriebenen Nomen/Substantiven. Finde die Ausdrücke heraus und schreibe immer beide Schreibweisen auf.

_____ geben

_____ machen

_____ halten

_____ schwimmen

_____ laufen

_____ saugen

1 _____
2 _____
3 _____
4 _____
5 _____
6 _____

15 Lass dir die Ausdrücke, die du in den Aufgaben 13 und 14 und in dem dazugehörigen Regelkasten auf S. 119 gelernt hast, noch einmal von deinem Nachbarn diktieren.

Zusammenschreiben oder getrennt schreiben? 121

Verbindungen mit Adjektiven und Partizipien

Verbindungen aus einem Adjektiv und Verb getrennt schreiben

In der Regel werden die Verbindungen aus einem Adjektiv und einem Verb getrennt geschrieben.

Im Urlaub habe ich mich herrlich erholt.
Ich habe jeden Tag schön verbracht.

16 Bilde aus den folgenden Adjektiven und Verben sinnvolle Verbindungen.

böse   genau   still   gut
sauber   glücklich   lieb   nahe   schreiben
übel   bewusst   nehmen
          schmutzig   sitzen
gehen   lächeln   werden   nehmen
   liegen
machen   gut   halten   machen   gewinnen
   kalt   richtig
   ernst   traurig   langsam
fahren   ausruhen   lästig   kritisch
laut   fallen   denken   aussehen   werden
   schnell   wach   lernen   gucken
stehen   leise   lachen
   auswendig   laufen
sprechen   leer   nehmen

böse werden,

Zusammenschreiben oder getrennt schreiben?

Verbindungen aus einem Adjektiv und einem Verb zusammenschreiben

Du schreibst eine Verbindung aus einem Adjektiv und einem Verb aber zusammen, wenn eine übertragene Bedeutung entsteht.

ursprüngliche Bedeutung	übertragene Bedeutung
Der Redner hat frei gesprochen.	Der Angeklagte wurde freigesprochen.
Philipp ist schwer gefallen und hat sich den Arm gebrochen.	Philipp ist es schwergefallen, sich von seiner Schwester Elisabeth zu verabschieden.
Johanna konnte schon immer gut schreiben.	Der Betrag, den sie von ihrer Oma zum Geburtstag bekommen hat, wird ihrem Konto gutgeschrieben.
Thomas hat Carla fest gehalten, als sie zusammen Achterbahn gefahren sind.	Sie haben ihre Abmachung mit Petra schriftlich festgehalten.

Einige Verbindungen aus Adjektiv und Verb gibt es nur in einer übertragenen Bedeutung. Du schreibst sie also immer zusammen. Am besten lernst du diese Ausdrücke auswendig.

schwarzfahren, bloßstellen, hellsehen, fernsehen, klarstellen, klarkommen, wahrsagen, hochrechnen

17 Setze die Wortverbindung aus Adjektiv und Verb in der richtigen Schreibweise ein. Denke daran, dass du diese Verbindung immer zusammenschreibst, wenn eine übertragene Bedeutung entsteht.

- (richtig?liegen)

  Du hast mit deiner Vermutung _____ .

  Wenn du nachts _____ , bekommst du keine Rückenschmerzen.

- (gerade?stehen)

  Für seine Fehler sollte man _____ .

  Wenn man nicht _____ , drohen Haltungsschäden, weil die Muskulatur verkümmert.

Zusammenschreiben oder getrennt schreiben?

- (schwer?fallen)

    Sie ist in den Morgenstunden _____.

    Mir ist die Englischarbeit _____.

- (sicher?gehen)

    Ich habe sehr viele Bewerbungen geschrieben, weil ich _____ _____ wollte, dass ich einen Praktikumsplatz bekomme.

    Weißt du genau, dass du in diesen Stöckelschuhen _____ kannst?

- (zusammen?tragen)

    Die Kiste ist sehr schwer, wir sollten sie

    _____.

    Wir werden die einzelnen Ergebnisse morgen in der Stunde

    _____.

- (gut?schreiben)

    Ich bin mir sicher, dass du die nächste Deutscharbeit

    _____.

    Meine Oma hat mir zu meinem Geburtstag einen Betrag auf meinem Sparkonto _____.

- (übrig?bleiben)

    Von dem Kuchen ist nichts _____.

    Es wird uns nichts anderes _____, als uns dem Beschluss der Mehrheit zu fügen.

18 Bilde jeweils zwei Sätze, in denen du die angegebenen Verbindungen in der ursprünglichen und der übertragenen Bedeutung benutzt. Achte auf die unterschiedliche Schreibweise.

gut?machen

_____

_____

124 Zusammenschreiben oder getrennt schreiben?

schief?gehen

zusammen?fahren

groß?schreiben

frei?sprechen

flott?machen

fest?nehmen

Zusammenschreiben oder getrennt schreiben? 125

Verbindungen aus gleichrangigen Adjektiven zusammenschreiben

Verbindungen aus zwei Adjektiven werden zusammengeschrieben.

nasskalt, schwarzweiß, blaugrau, lauwarm, kleinlaut

 Schreibe die Wörter aus der Wörterschlange in der richtigen Schreibweise neu auf.

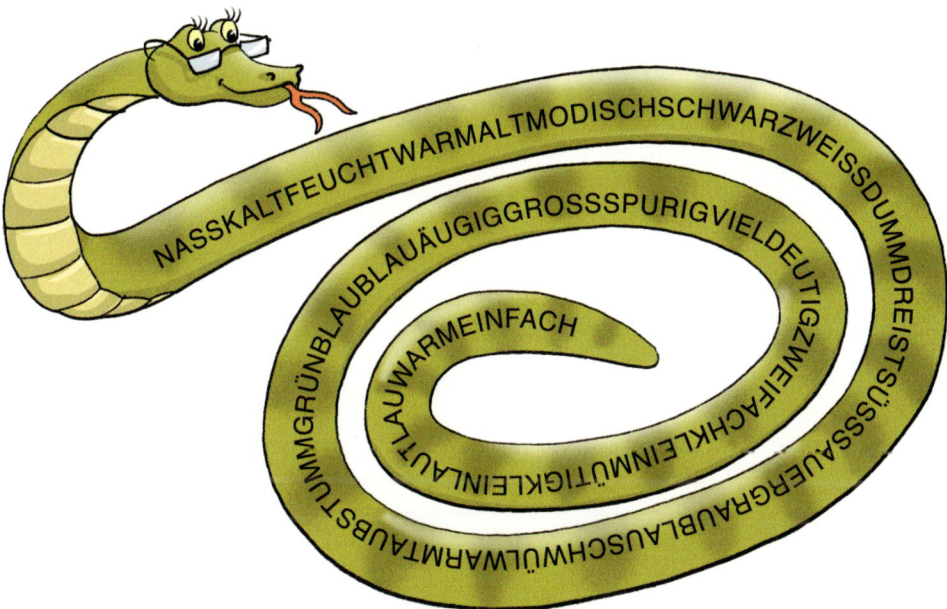

 Ordne diese Wörter anschließend nach dem Alphabet.

Zusammenschreiben oder getrennt schreiben?

Verbindungen von Adjektiven mit bedeutungsverstärkenden/abschwächenden Bestandteilen zusammenschreiben

Verbindungen aus Adjektiven mit vorangestellten, bedeutungsverstärkenden oder abschwächenden Bestandteilen werden zusammengeschrieben.
Oft gebrauchte verstärkende bzw. abschwächende Wortbausteine sind: bitter-, brand-, erz-, grund-, hyper-, super-, tod-, über-, ur-

bitterböse, brandaktuell, erzkonservativ, grundanständig, hypermodern, supergut, todtraurig, überglücklich, uralt

21 Setze die Liste fort. Du kannst auch das Wörterbuch zu Hilfe nehmen.

bitterböse, _____

_____

kurzatmig, _____

_____

supergut, _____

_____

todtraurig, _____

_____

überglücklich, _____

_____

uralt, _____

_____

Zusammenschreiben oder getrennt schreiben?

Verbindungen von Adjektiven mit bedeutungsverstärkenden/abschwächenden Adjektiven getrennt oder zusammenschreiben

Wenn dem Adjektiv/Partizip ein Adjektiv vorausgeht, das die Bedeutung verstärkt oder abschwächt, kannst du die Verbindung getrennt oder zusammenschreiben.

ein schwer verständlicher Film   ein schwerverständlicher Film
die gut bezahlten Fachkräfte   die gutbezahlten Fachkräfte
eine allgemein gültige Regel   eine allgemeingültige Regel
eine klein geschnittene Zwiebel   eine kleingeschnittene Zwiebel
ein allein erziehender Vater   ein alleinerziehender Vater

Wird der erste Bestandteil jedoch gesteigert oder erweitert, musst du den Ausdruck getrennt schreiben.

Der Film war nur sehr schwer verständlich.
Fachkräfte werden in der Schweiz äußerst gut bezahlt.

22 Schreibe die folgenden Sätze in der richtigen Schreibweise in dein Heft. Wenn zwei unterschiedliche Schreibweisen möglich sind, schreibe bitte beide auf.

- Er fand seinen SELBSTGESTRICKTEN Pullover sehr schön.
- Manchmal fand sie ihre TREUSORGENDE Oma zu ängstlich.
- Seine Freudin hatte ihn zu Unrecht kritisiert, sodass er SCHWERBELEIDIGT war.
- Auch wenn Ratschläge sehr GUTGEMEINT sind, können sie anstrengend sein.
- Wenn Kinder nur sehr LEICHTBEHINDERT sind, sollten sie eine Regelschule besuchen.
- SCHWERBEHINDERTE Kinder brauchen sehr viel Zuwendung und Pflege.
- Die Plätzchen kamen ganz FRISCHGEBACKEN aus dem Ofen und dufteten herrlich.
- Die Erklärungen meines Physiklehrers sind für mich LEICHTVERSTÄNDLICH, weil Physik mein Lieblingsfach ist.

- Die Schweiz ist ein sehr DICHTBEVÖLKERTES Land.
- Norwegen, Schweden und Finnland sind hingegen DÜNNBESIEDELT.

Verkürzte Wortgruppen aus Nomen/Substantiv und Adjektiv zusammenschreiben

Zusammensetzungen aus Nomen/Substantiv und Partizip oder Adjektiv lassen sich häufig als verkürzte Wortgruppen erklären, bei denen etwa ein Artikel oder eine Präposition eingespart wurde. Du schreibst diese zusammen.

Wortgruppe	Zusammensetzung
vor Freude strahlend	freudestrahlend (Du sparst die Präposition *vor*.)
von Angst erfüllt	angsterfüllt (Du sparst die Präposition *von*.)
den Kopf schüttelnd	kopfschüttelnd (Du sparst den Artikel *den*.)

Immer wenn die Verbindung von Nomen/Substantiv und Adjektiv/Partizip in dem Satz erweitert wird, schreibst du getrennt; wird nicht erweitert, schreibst du die Verbindung zusammen.

Er kam vor Freude strahlend nach Hause, weil er eine gute Arbeit geschrieben hat.	Er kam freudestrahlend nach Hause, weil er eine gute Arbeit geschrieben hat.
Er war von Angst erfüllt, weil er einen Albtraum gehabt hat.	Er war angsterfüllt, weil er einen Albtraum gehabt.

 Bilde aus den folgenden Wortgruppen Zusammensetzungen.

Wortgruppe	Zusammensetzung
das Blut stillend	blutstillend
einen Finger breit	
mehrere Meter hoch	
einige Monate lang	
vom Sport begeistert	
gegen Hitze beständig	

Zusammenschreiben oder getrennt schreiben? 129

Wortgruppe	Zusammensetzung
vom Computer gesteuert	
vor dem Wind geschützt	
tief bis zum Knöchel	
mehrere Jahre lang	
das Herz erquickend	
schnell wie ein Blitz	

24 Formuliere jetzt wie im Regelkasten auf S. 128 jeweils einen Satz, in dem du den Ausdruck als Wortgruppe bzw. als Zusammensetzung gebrauchst. Achte dabei genau auf deine Rechtschreibung.

Verbindungen von Adjektiven mit der Partikel *nicht* getrennt oder zusammenschreiben

Wird ein Adjektiv mit dem Wort *nicht* verbunden, kannst du sowohl getrennt als auch zusammenschreiben.

Dieser Text ist nichtverständlich.
Die Gerichtsverhandlung ist nicht-öffentlich.

Dieser Text ist nicht verständlich.
Die Gerichtsverhandlung ist nicht öffentlich.

Zusammenschreiben oder getrennt schreiben?

Teste dein Wissen 7

1 Lass dir die folgenden Texte diktieren.

Ludwig van Beethoven: Kindheit und Jugend

- Ludwig van Beethoven gehört zu den weltweit bekanntesten Komponisten, obwohl er bereits früh schwerhörig war. Bestimmt hast auch du schon einige seiner Werke im Musikunterricht kennengelernt.
1770 wurde Beethoven in eine musikbegeisterte (Musik begeisterte) Familie hineingeboren. Ohne Rücksicht zu nehmen förderte der Vater seinen Nachwuchs ehrgeizig.
So lernte Beethoven früh Klavier, Violine und Orgel zu spielen und gab bereits mit sieben Jahren sein erstes Konzert. Es blieb nie Zeit, spielen zu gehen, Freunde zu treffen oder die Seele baumeln zu lassen. Wie er bei all dem die Musik lieb gewinnen konnte, ist nicht sehr leicht verständlich.
Beethoven Kindheit war von vielen Problemen heimgesucht. Bereits mit zwölf Jahren musste er mitverdienen, weil sein alkoholkranker Vater nicht allein für die Familie sorgen konnte.

- Dennoch übte er fleißig und sein außergewöhnlich großes Talent sprach sich herum. Aufsehen erregte es nicht nur in Bonn, sondern auch in Wien. Gerade einmal mit 16 Jahren bekam er die Chance, bei Mozart Unterricht zu nehmen.
Er ergriff diese, obwohl ihm der Abschied von seiner Mutter schwerfiel. Doch sein Aufenthalt war nur von kurzer Dauer. Er erfuhr, dass seine Mutter schwer krank (schwerkrank) war, sodass ihm nichts anderes übrigblieb als nach Bonn zurückzukehren. Dort stand er seiner im Sterben liegenden Mutter bei und übernahm nach ihrem Tod die Verantwortung für seine zwei jüngeren Brüder und seinen Vater. Trotz aller familiären Belastungen begann er 1789, Musik zu studieren.
1792 zog es ihn erneut nach Wien und diesmal blieb er bis an sein Lebensende.

2 Lass dir auch diese Texte diktieren.

Ludwig van Beethoven: Aufstieg und Verlust

- Nachdem Mozart 1791 gestorben war, wartete man in Wien auf einen neuen Künstler wie Beethoven. Er wurde gefeiert und verdiente hervorragend. Beethoven galt als ein Perfektionist. Viele Wochen lang, manchmal sogar jahrelang, feilte er an seinen Werken, die er immer wieder überarbeitete. Diese Eigenschaft störte viele seiner Kunden, weil er Kompositionen, die er in ihrem Auftrag anfertigte, nicht zügig vollendete. Dennoch waren sie nie lange verärgert, zu sehr verehrten sie ihn. Aber Beethoven war vom Schicksal gebeutelt: Die glückliche Zeit in Wien dauerte nur wenige Jahre. Denn mit 27 Jahren bemerkte er, dass er immer schlechter hörte. Ratsuchend (Rat suchend) konsultierte er einen Arzt nach dem anderen. Sie stellten unterschiedliche Diagnosen, aber prophezeiten ihm alle, dass seine Schwerhörigkeit bis zur völligen Taubheit voranschreiten würde.

- Sein Gehör verschlechterte sich in der Tat zunehmend, bis er mit 48 Jahren völlig taub war. So komponierte Beethoven die letzten Jahre nur noch aus dem Gedächtnis. Fast wäre er an diesem Leiden zerbrochen, aber die Musik gab ihm die Kraft weiterzuleben. Seine Persönlichkeit veränderte sich dennoch zunehmend.

- Beethoven soll ein Einzelgänger gewesen sein, misstrauisch und launisch. So hat sich sein Hauspersonal bei ihm nie wohlgefühlt und wechselte ständig. Auf der anderen Seite konnte er aber auch sehr besorgt um seine Mitmenschen sein. Denn Verantwortung zu tragen, hatte er früh gelernt. So wandte sich manch einer seiner Musikschüler hilfesuchend (Hilfe suchend) an ihn, weil er Geldnöte hatte. Und Beethoven half immer. Als er im Alter von 56 Jahren starb, begleiteten 20 000 Menschen seinen letzten Weg.

Haltestelle

Zusammenschreiben oder getrennt schreiben?

Verbindungen mit Verben

1 Verben, die mit Wortbausteinen gebildet werden, schreibst du zusammen. Es gibt insgesamt ca. 90 Präpositionen und Adverbien, die mit Verben eine Zusammensetzung bilden.

angucken, hinuntergehen, mitdenken, umbiegen, vorbeifahren, zurückkommen

2 In einigen Fällen schreibst du diese Verbindungen aber auch getrennt, und zwar dann, wenn beide Bestandteile betont sind und wenn sich die Bedeutung ändert.

Willst du dabeisitzen, wenn ich Vokabeln lerne?
Willst du dabei sitzen oder dabei stehen?

3 Folgen zwei Verben aufeinander, schreibst du in der Regel getrennt.

Ich werde am Samstag baden gehen.
Am Samstag bin ich baden gegangen.
Ich freue mich darauf, nächsten Samstag wieder baden zu gehen.

Werden diese Verben allerdings nominalisiert/substantiviert, schreibst du sie zusammen und groß.

Beim Badengehen fühle ich mich gut.

4 Treffen zwei Verben aufeinander, wobei das zweite Verb bleiben oder lassen ist, schreibst du nur getrennt, wenn keine übertragene Bedeutung vorliegt. Bei einer übertragenen Bedeutung kannst du den Ausdruck getrennt oder zusammenschreiben.

Ich habe meine Sporttasche in der Sporthalle hängen lassen.
Mein Freund hat mich letzte Woche hängenlassen, obwohl ich seine Unterstützung gebraucht hätte.

5 Du schreibst Verbindungen mit dem Hilfsverb sein immer getrennt.

da sein, zurück sein, weg sein, mutig sein, zusammen sein, wach sein

Verbindungen mit Nomen/Substantiven

1 Du schreibst Verbindungen aus einem Nomen/Substantiv und Verb in der Regel getrennt.

Rad fahren, Aufsicht führen, Aufsehen erregen, Dienst haben

Wird eine solche Verbindung aber wie ein Adjektiv gebraucht, das ein Nomen/Substantiv näher beschreibt, kannst du diese Verbindung sowohl getrennt als auch zusammenschreiben.

Ohrenwackelnde Menschen sind eher selten.
Ohren wackelnde Menschen sind eher selten.

2 Nominalisierungen/Substantivierungen schreibst du zusammen und groß.

Das Radfahren macht mir viel Spaß.

3 Verblasste Nomen/Substantive schreibst du zusammen.

danksagen, haushalten, schutzimpfen, bruchrechnen, wettlaufen

Verbindungen mit Adjektiven und Partizipien

1 In der Regel schreibst du Verbindungen aus einem Adjektiv und einem Verb getrennt.

Ich bin heute gut gelaunt.
Ich habe mich wach gehalten, weil ich das Feuerwerk sehen wollte.

2 Du schreibst diese Verbindung aber zusammen, wenn eine übertragene Bedeutung entsteht.
übertragende Bedeutung:
Mir ist der Physiktest schwergefallen.
ursprüngliche Bedeutung:
Sie ist auf der Treppe schwer gefallen.

3 Verbindungen aus zwei gleichrangigen Adjektiven werden zusammengeschrieben.

feuchtwarm, dummdreist, taubstumm

4 Verbindest du ein Adjektiv mit einem Bestandteil, der alleine nicht vorkommt, schreibst du diese Verbindung zusammen.

zweifach, kleinmütig, vieldeutig

5 Du schreibst Verbindungen mit einem Adjektiv zusammen, wenn der erste Bestandteil die Bedeutung verstärkt oder abschwächt.
Oft gebrauchte verstärkende bzw. abschwächende Wortbausteine sind: bitter-, brand-, erz-, grund-, hyper-, super-, tod-, über-, ur-

bitterkalt, brandneu, erzkonservativ, superschnell, urgemütlich

6 Wenn dem Adjektiv/Partizip ein Adjektiv vorausgeht, das die Bedeutung verstärkt oder abschwächt, kannst du die Verbindung getrennt oder zusammenschreiben.

ein leicht behindertes Kind   ein leichtbehindertes Kind
ein dünn besiedeltes Land   ein dünnbesiedeltes Land

Wird der erste Bestandteil jedoch gesteigert oder erweitert, muss getrennt werden.

Das Kind ist nur sehr leicht behindert.
Das Land ist ganz dünn besiedelt.

7 Zusammensetzungen aus Nomen/Substantiv und Partizip oder Adjektiv schreibst du zusammen, wenn es sich um eine verkürzte Wortgruppe handelt.

Er kam vor Freude strahlend nach Hause, weil er eine gute Arbeit geschrieben hat.
Er kam freudestrahlend nach Hause, weil er eine gute Arbeit geschrieben hat.
Er war von Angst erfüllt, weil er einen Albtraum gehabt hatte.
Er war angsterfüllt, weil er einen Albtraum gehabt hatte.

8 Wird ein Adjektiv mit dem Wort *nicht* verbunden, kannst du sowohl getrennt als auch zusammenschreiben.

Dies ist eine nicht genehmigte Demonstration.
Dies ist eine nichtgenehmigte Demonstration.

Fremdwörter

Fremdwörter mit ph, rh, th und gh

Fremdwörter mit den Wortbausteinen photo/foto, graph/graf, phon/fon werden häufig nicht mehr als Fremdwörter empfunden. Sie sind griechisch-lateinischen Ursprungs. Du kannst sie in der ursprünglichen oder in der modernen Version schreiben.

photographieren   fotografieren
die Photokopie   die Fotokopie
das Mikrophon   das Mikrofon

1 „Übersetze" in die moderne Version und schreibe die Wörter auf die Linien in der Übersetzungsmaschine.

2 Es gibt noch weitere Wörter, für die es zwei mögliche Schreibweisen gibt; Wörter mit ph oder f, th oder t, gh oder g. In den folgenden Wörtern fehlt ein Sprachlaut. Schreibe sie sowohl in der ursprünglichen als auch in der modernen Variante auf.

die ?antasie   die Phantasie/die Fantasie

?antasievoll

136 Fremdwörter

der Pan**?**er

der **?**unfisch

die Myr**?**e

der Del**?**in

das **?**etto

der Jo**?**urt

die Spa**?**etti

Die meisten Wörter, die wir aus dem Griechisch-Lateinischen übernommen haben, behalten jedoch ihre ursprüngliche Schreibweise mit ph, rh und th bei.

die Katastrophe, der Triumph, die Strophe, das Rheuma, der Rhythmus, die These, das Thermostat, das Theater, der Apostroph, die Metapher, die Rhetorik, der Rhesusfaktor

3 In dem Rätsel tauchen Fremdwörter mit ph, th, rh und eines mit gh auf. Hast du es richtig gelöst, so ergibt sich ein Lösungswort. Natürlich ist auch dies wieder ein Fremdwort.

Anderes Wort für Nashorn:

Irrgarten:

Musikalische Menschen haben den ? im Blut:

Eine beeindruckende bischöfliche Kirche nennt man:

Fremdwörter 137

Wissenschaftler, der den Sinn des Daseins erklären möchte:

☐☐☐☐☐☐☐☐

Anderes Wort für eine lange Fadennudel:

☐☐☐☐☐☐☐☐

In der Führerscheinprüfung muss man die Praxis und die **?** bestehen:

☐☐☐☐☐☐

Findest du jemanden nett, so ist er dir in jedem Fall:

☐☐☐☐☐☐☐☐☐

26 Buchstaben bilden das:

☐☐☐☐☐☐☐

Wissenschaft von den Gesetzmäßigkeiten der Mechanik, der Elektrizität und der Wärmelehre:

☐☐☐☐☐

Sich über einen Sieg freuen:

☐☐☐☐☐☐☐☐☐☐

Bretter, die die Welt bedeuten:

☐☐☐☐☐☐

Das Lösungswort heißt _____ und ist das Fremdwort für

_____. Welche andere Schreibweise gibt es für dieses

Fremdwort? _____. Es gibt noch ein anderes Rätselwort,

für das es zwei Schreibweisen gibt. _____ kann auch _____

_____ geschrieben werden.

Fremdwörter

4 Setze das Fremdwortpuzzle zusammen und schreibe die Wörter auf. Ergänze den Artikel (der, die, das).

5 In diesem Wörterbuch sind einige Wörter und die dazugehörigen Definitionen/Erklärungen durcheinandergeraten. Assistiere der Wörterbuchredaktion, indem du die Fremdwörter vor die richtigen Erklärungen schreibst.

Philharmonie	grauschwarzer Straßenbelag
Apostroph	Lufthülle, die unsere Erde umgibt
Phobie	Konzertsaal oder Spitzenorchester
Katastrophe	altägyptischer König
Asphalt	Fachbegriff für Auslassungszeichen
Phase	nach Zeugenaussagen am Computer erstelltes Täterbild
Pharao	krankhafte Angst
Phantombild	großes Unheil, das nicht mehr abzuwenden ist
Atmosphäre	bestimmter Zeitabschnitt oder bestimmte Entwicklungsstufe

6 Formuliere dann in deinem Heft Sätze nach diesem Muster, die das Fremdwort und seine Definition verbinden.

Ein Phantombild ist ein nach Zeugenaussagen erstelltes Täterbild.

Fremdwörter aus dem Französischen – typische Endungen

Französische Wörter erkennst du vor allem an ihren Endungen:

eur	der Installateur, der Masseur, der Chauffeur, der Operateur, der Dekorateur, der Souffleur
ier/iere	der Portier, der Bankier, das Atelier, die Premiere, die Karriere
ment	das Engagement, das Appartement, das Abonnement
eau	das Niveau, das Plateau
oir	die Memoiren, das Repertoire
age	die Montage, die Massage, die Bandage, die (Text)passage
ee	die Allee, die Tournee, die Moschee, das Dekolletee (auch Dekolleté)
ant	das Restaurant, das Croissant, brillant, charmant
ette	die Pinzette, das Baguette, die Toilette, die Kassette, die Paillette

7 Unterstreiche alle französischen und alle aus dem Französischen entnommenen Wörter, die du kennst. Schreibe sie dann heraus und vergiss nicht, den Artikel (der, die, das) vor die Nomen/Substantive zu setzen.

Ein <u>Mannequin</u> erwacht in seinem Pariser Appartement – alles ist hier sehr chic – und zieht den Morgenmantel über das Negligé aus beigefarbenem Satin. Danach wird der Teint mit etwas Creme und Rouge verschönert und noch schnell Parfum aus dem noblen Flakon aufgelegt. Zum Frühstück gibt es einen Café crème und ein bisschen Baguette, leider kein Croissant und schon gar keinen Crêpe. Das macht zu dick. Auch abends im Restaurant gibt es niemals ein Dessert. Ohne strikte

140 Fremdwörter

Diät hat man in dieser Branche keine Chance. Ein charmantes Lächeln für den Portier und das Cabriolet wird aus der Garage gefahren. Herrlich, so ein Sportwagen, wenn auch noch ohne Chauffeur. Ein erstes Rendezvous findet um 10 Uhr mit dem Chef der Modelagentur statt: Da lohnt sich noch ein Abstecher in die kleine Boutique direkt hinter dem Eiffelturm. Dort gibt es in der ersten Etage teure Accessoires und das Mannequin denkt: „Dieses Collier wäre ein wunderschönes Souvenir." Leider herrscht jedoch Ebbe im Portemonnaie.

das Mannequin, _____

_____

_____

_____

8 In jeder Ecke Frankreichs befindet sich eine typisch französische Endung. Im Landesinneren gibt es Wortbausteine, die du mit den einzelnen Endungen kombinieren kannst. Die Endungen musst du natürlich häufiger verwenden. Schreibe die Nomen/Substantive mit ihrem Artikel (der, die, das) auf.

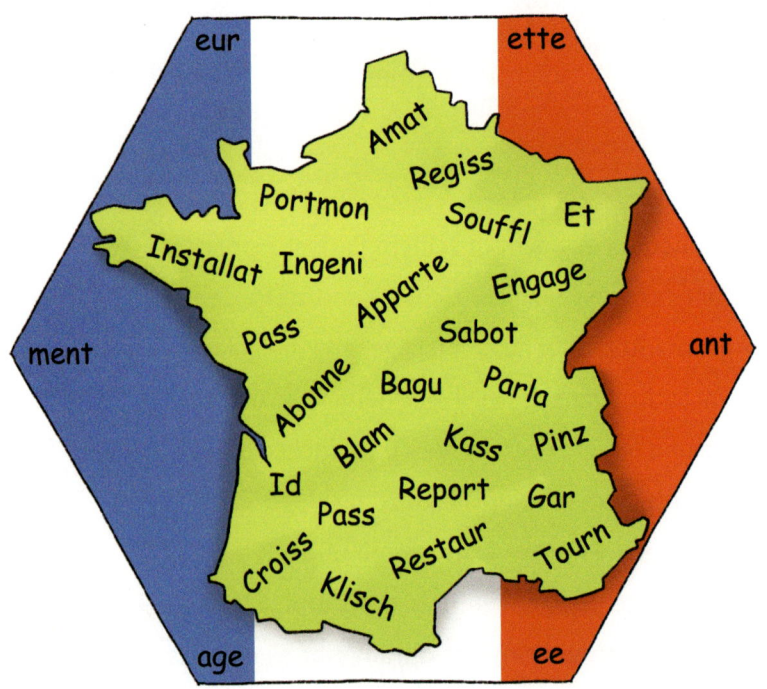

Fremdwörter 141

der Installateur,

9 Der Eiffelturm enthält einige französische Wörter. Stelle dem französischen das in die deutsche Schreibweise übertragene Wort gegenüber.

Eiffelturm: die Sauce, die Mayonnaise, die Facette, das Portemonnaie, das Necessaire, die Chicorée, die Boutique, der Chicorée, das Coupé, charmant, die Cousine, der Crêpe, die Crème, das Mohair, der/das Nougat, das Cabriolet, passé, die Bravour, chic

die Mayonnaise – die Majonäse,

Kasten: Majonäse, Fassette, Butike, Mohär, Schikoree, schick, scharmant, Kupee, Kusine, Kabriolett, Bravur, Portmonee, passee, Nessessär, Soße, Scharme, Krepp, Nugat, Krem/Kreme

142 Fremdwörter

Fremdwörter aus dem Englischen

Viele Fremdwörter, die du häufig verwendest, stammen aus dem Englischen. Fast immer wird die englische Schreibweise beibehalten.

der Laptop, die Party, cool, clever, die Hardware, der Fan

10 Ordne die aus dem Englischen entnommenen Wörter in die Tabelle auf S. 143 ein. Einige Wörter kannst du mehrfach zuordnen. Ergänze bei den Nomen/Substantiven den bestimmten Artikel (der, die, das), wenn es sinnvoll ist.

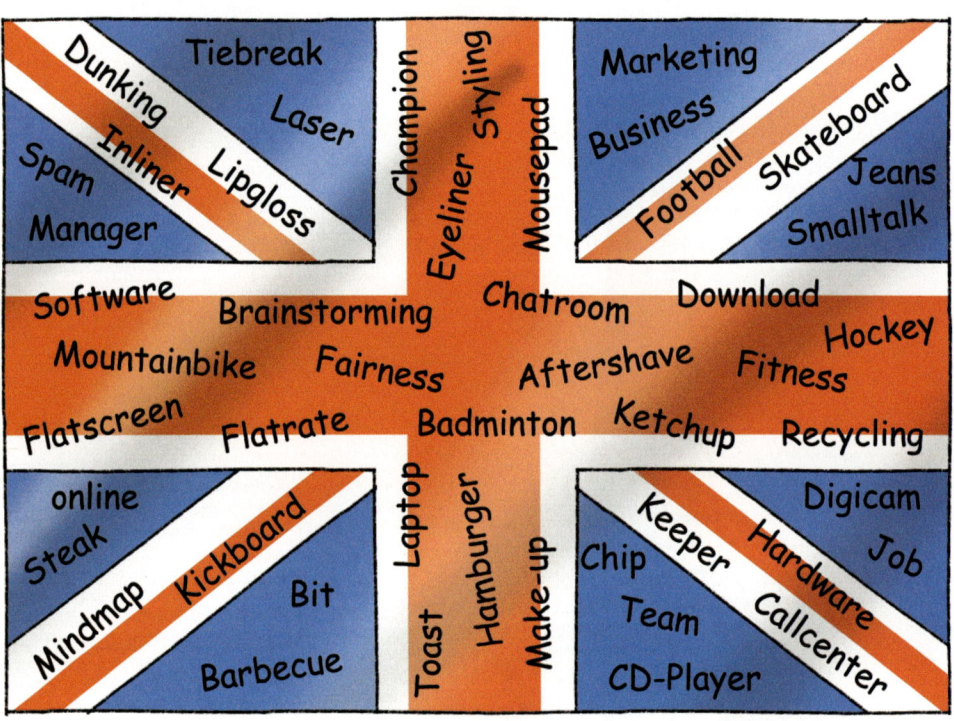

Fremdwörter 143

Technik/ Computer	Sport	Berufswelt	Lifestyle/ Essen und Trinken/Mode
das Mousepad,	die Inliner,	der Manager,	das Lipgloss,

11 Du gehörst einer Wörterbuchredaktion an, die ein neues Wörterbuch *Denglisch für Anfänger* (Denglisch: Kurzform für Deutsch und Englisch) herausgibt. Als Spezialist/Spezialistin für das Denglische musst du nun aus den englischen Wörtern „eingedeutschte" Verben bilden.

to bowl
to chat/to chatter
to chill
to dis
a fax
a flirt
to go shopping
to go surfing
a SMS

Fremdwörter

a job/a jobber

to jog along

to mail

to mob

to pierce

to rap

to recycle

to relax

to scroll

12 Entscheide dich für ein „denglisches" Verb und konjugiere es.

Person	Verb
1. Pers. Sg.: ich	
2. Pers. Sg.: du	
3. Pers. Sg.: er, sie, es	
1. Pers. Pl.: wir	
2. Pers. Pl.: ihr	
3. Pers. Pl: sie	

Fremdwörter 145

Teste dein Wissen 8

1 Kreuze alle richtigen Schreibweisen der folgenden Wörter an.

Mayonnaise ☐	Portemone ☐
Mayonnäse ☐	Portmonee ☐
Majonäse ☐	Portemonnaie ☐
Mayonnais ☐	Portemonnai ☐

Katastrofe ☐	Photographie ☐
Kathastrophe ☐	Fotografie ☐
Katastrophe ☐	Photografie ☐
Katasthrophe ☐	Photography ☐

Ghetto ☐	Necessaire ☐
Gettho ☐	Nessessär ☐
Getto ☐	Neccesaire ☐
Getho ☐	Neccessaire ☐

2 Lass dir den Text diktieren oder schreibe ihn als Laufdiktat.

Die missglückte Premiere

In der Premiere zum Theaterstück „Der verwirrte Liebhaber" gab es gestern Abend eine Riesenblamage. Der sympathische Hauptdarsteller, der gerade sein drittes Engagement innehatte, kam bei einer langen Textpassage völlig aus dem Rhythmus. Hoffnungslos verheddert er sich im Labyrinth der Wörter. Viel zu nervös, um die Souffleuse zu verstehen, geriet sein Spiel zur Katastrophe. Statt einzelner Strophen gab es nichts als Wortsalat. Als endlich der Vorhang heruntergelassen wurde, war die Atmosphäre im Publikum recht bedrückend. Bestürzt trat der Regisseur, der in der Generalprobe noch das sichere und brillante Spiel seines Hauptdarstellers gelobt hatte, vor das Premierenpublikum und entschuldigte sich.
Unglücklich saß der Hauptdarsteller in seiner Garderobe. Er konnte es nicht fassen, dass ausgerechnet ihn das Lampenfieber so eiskalt erwischt hatte. Er

Fremdwörter

dachte an seine letzte Premiere, die er mit Bravour gemeistert hatte, und hoffte inständig, dass dieser Flop nicht das Ende seiner Karriere bedeutete.
Die Theaterkritiker fanden viel Lob für das Arrangement des Bühnenbildes und mitleidsvolle Worte für den unglücklichen Hauptdarsteller.

3 In den unterstrichenen Wörtern gibt es Rechtschreibfehler. Korrigiere sie, indem du das Wort in der richtigen Schreibweise auf die Linien schreibst.

- Die PISA-Studie hat gezeigt, dass das <u>Nivau</u> an deutschen Schulen nur mittelmäßig ist.

- Paul ist gestern in der Sporthalle sein <u>Portmonne</u> geklaut worden.

- Lehrer, Eltern und Schüler sind darüber beunruhigt, dass das <u>Mobing</u> an Schulen ein immer größeres Problem wird.

- Du weißt bestimmt, dass <u>Tesen</u> und <u>Antitesen</u> nur durch Begründungen und Belege zu überzeugenden Argumenten werden. Weißt du auch, was eine <u>Metafer</u> ist?

- Zum Ärger ihrer Eltern verbringen viele Jugendliche ihre Nachmittage mit stundenlangem <u>Schatten</u> und kümmern sich zu wenig um ihre Hausaufgaben.

- Oftmals lernt es sich leichter, wenn einem der Lehrer oder die Lehrerin <u>sympatisch</u> ist.

Haltestelle

Fremdwörter

1 Fremdwörter mit den Wortbausteinen photo/foto, graph/graf, phon/fon kannst du in der fremdsprachigen oder in der ins Deutsche übertragene Weise schreiben.

die Photokopie   die Fotokopie
das Megaphon   das Megafon
die Orthographie   die Orthografie

2 Die meisten Wörter, die wir aus dem Griechisch-Lateinischen übernommen haben, behalten jedoch ihre ursprüngliche Schreibweise mit ph, rh und th bei.

der Asphalt, die Philharmonie, der Rhabarber, die Rhetorik, das Thema, die Therapie, die Mathematik

3 Fremdwörter, die wir aus dem Französischen übernommen haben, erkennst du vor allem an ihren Endungen. Typische französische Endungen sind:

eur	der Chauffeur
ier	der Portier
ment	das Engagement
eau	das Niveau
oir	die Memoiren
age	die Montage
ee	das Portmonee
ant	das Restaurant
ette	die Toilette

4 Fremdwörter aus dem Englischen behalten fast immer die englische Schreibweise bei.

das Recycling, das Ticket, cool, sexy, das Skateboard, das Mousepad, der Manager, die Software

Anders als im Englischen wird Wörtern mit der Endung y im Plural ein s angehängt. Das Englische verlangt die Endung ies.

das Baby   die Babys
das Pony   die Ponys
das Hobby   die Hobbys

Zeichensetzung

Das Komma bei Anreden und Ausrufen

Wenn du in einem Satz jemanden anredest, setzt du ein Komma. Auch einen Ausruf und besondere Bekräftigungen trennst du durch ein Komma vom übrigen Satz ab.

Mensch, bald beginnen die Olympischen Spiele.
Freust du dich auch so wie ich, Dörte?
Die Wettkämpfe werden spannend, ganz sicher.

1 Setze die fehlenden Kommas.

- Ja ich freue mich auf die Olympischen Spiele in diesem Jahr.
- Ich werde mir alle Übertragungen im Fernsehen anschauen ganz bestimmt.
- Schade ich bin genau in dieser Zeit im Urlaub.
- Rainer und Vera erkundigt euch doch bitte einmal, wo die nächsten Olympischen Spiele stattfinden werden.
- Klar 2004 hat Athen die Spiele ausgerichtet.
- Halt jetzt weiß ich es. Die Spiele 2008 finden in Peking statt.
- Marie-Theres du weißt doch bestimmt, wer der letzte Fackelträger bei den Olympischen Spielen im Jahre 2004 war?
- Kannst du mir erklären, was die Kreise auf der olympischen Flagge bedeuten bitte?
- Was ist deine Lieblingssportart Wilfried?
- Oh je das finde ich aber sehr langweilig.

Zeichensetzung

Das Komma in Aufzählungen

Du setzt zwischen Teilen einer Aufzählung ein Komma. Eine Aufzählung kann aus Einzelwörtern, Wortgruppen und aus unterschiedlichen Hauptsätzen bestehen.
Du setzt in der Regel kein Komma, wenn die einzelnen Teile durch und, sowie bzw. oder miteinander verbunden sind.

Die Olympischen Spiele haben eine lange, interessante, spannende und abwechslungsreiche Geschichte.
Ein Sieg brachte den Athleten sehr viel Anerkennung, breites öffentliches Interesse, noch mehr Geld und einen Bonus bei den Göttern.
Die Spiele hatten früher einen religiösen Hintergrund, sie wurden zu Ehren von Zeus abgehalten, die Griechen wollten ihn milde stimmen und ihm ihre Verehrung zeigen.

 Unterstreiche in den folgenden Sätzen die einzelnen Teile der Aufzählung und setze anschließend das Komma.

Die Spiele der Antike

Höher weiter besser schneller: Alle vier Jahre messen sich Sportler aus aller Welt bei den Olympischen Spielen zeigen Höchstleistungen feiern Siege erleiden Niederlagen und begeistern das Publikum. Die olympische Idee entstand vor rund 2800 Jahren in der griechischen Antike. Austragungsort war die Stadt Olympia alle vier Jahre wurden diese Spiele dort ausgetragen. Anders als heute ging es in den Wettkämpfen nicht in erster Linie um sportliches Kräftemessen die Spiele hatten einen religiösen Hintergrund sie galten als heilig und sollten den weisesten stärksten und mächtigsten aller Götter – Zeus – gnädig stimmen.

Die antiken Wettkämpfer waren alle Griechen. Ausländer Sklaven und Frauen durften nicht teilnehmen.

30 Tage vor Spielbeginn kamen die Athleten in einem Trainingslager, das 57 km von Olympia entfernt lag, zusammen. Es gab für die Athleten hier spezielle

Trainingsräume großzügige Bäder gut ausgestattete Herbergen und auch eine umfangreiche Bibliothek. Sie bereiteten sich intensiv auf die Spiele vor trainierten hart und befolgten einen strengen Ernährungsplan: Gerstenbrot Weizenbrei getrocknete Früchte Nüsse und frischer Käse.

Die Olympioniken traten in verschiedenen Disziplinen an: Laufen Weitsprung Speer- oder Diskuswurf Fünfkampf Pferderennen und dann gab es noch den Waffenlauf. Die Sieger verehrte man ein Leben lang.

Die Spiele dauerten zunächst nur einen Tag dann rückte die religiöse Bindung in den Hintergrund die Unterhaltung wurde wichtiger und die Spiele dauerten nun mehrere Tage. Straßenhändler verkauften ihre Waren Artisten Zauberer und Wahrsager zeigten ihr Können Dichter lasen aus ihren Büchern und Philosophen diskutierten miteinander.

Im Jahr 394 verbot der christliche Kaiser Theodosius diese Spiele er hielt sie für einen heidnischen Kult.

Der heilige Bezirk in Olympia (Rekonstruktion)

Das Komma bei Einschüben und nachgestellten Erläuterungen

Zusätze oder nachgestellte Erläuterungen trennst du durch ein Komma vom übrigen Satz ab. Zu den sehr häufig verwendeten Zusätzen gehören Appositionen. Das sind nachgestellte nähere Erläuterungen zu einem Nomen/Substantiv.

Edwin Moses, eine olympische Legende, blieb zwischen 1977 und 1987 in 122 aufeinander folgenden Hürdenlaufrennen ungeschlagen.
Carl Lewis, ein Ausnahmeathlet, gilt als einer der besten Sprinter der Welt.

Nachträgliche Erläuterungen werden häufig durch folgende Ausdrücke eingeleitet: und zwar, unter anderem, nämlich, insbesondere, besonders

Es gibt auch deutsche Olympialegenden, und zwar Ulrike Meyfahrt, Jürgen Hingsen und Birgit Fischer.
Die olympische Eröffnungsfeier ist beeindruckend, besonders das Entzünden des olympischen Feuers.

3 Unterstreiche die Appositionen und die nachträglichen Erläuterungen und setze anschließend die Kommas.

Olympische Symbole: Flagge, Fackel und Eid

- Die Olympischen Spiele verbindet wohl jeder mit einigen Symbolen insbesondere mit der olympischen Flagge und dem legendären Fackellauf. Viele wissen aber nicht genau, was es mit der Flagge besonders mit den fünf Ringen auf sich hat. Viele glauben, dass die fünf farbigen Ringe einfach nur die Erdteile darstellen nämlich Asien, Europa, Amerika, Afrika und Australien. Das ist aber nur die halbe Wahrheit. Die sechs Farben nämlich Rot, Blau, Grün, Gelb, Schwarz und der weiße Hintergrund entsprechen denen sämtlicher Nationalflaggen der Welt. Damit symbolisiert die Flagge einmal durch die Farben und zum anderen durch die ineinander geschlungen Kreise die Verbundenheit der Menschen auf den unterschiedlichen Kontinenten.
- Die olympische Fackel und das olympische Feuer Zeichen des Friedens und der Verbundenheit zwischen den Völkern wird einige Monate vor den Spie-

len entzündet und zwar vor den Ruinen des Heratempels im griechischen Olympia. Mithilfe eines Parabolspiegels wird die Fackel durch die Sonnenstrahlen entzündet und dem ersten Fackelträger überreicht. Er beginnt den Fackellauf, der das Feuer zum Austragungsort der Olympischen Spiele bringt. Das Feuer kann auf unterschiedlichem Wege transportiert werden nämlich zu Fuß, mit dem Pferd, dem Schiff, dem Fahrrad, dem Auto oder dem Flugzeug. Der Schlussläufer ein Sportler oder eine prominente Person entzündet im Stadion das olympische Feuer in einer großen Schale. Dort brennt es als Zeichen des Friedens während der gesamten Spiele.

- Nicht ganz so bekannt ist ein weiteres Symbol und zwar der olympische Eid. Bei diesem schwören die Athleten, aber auch die Schiedsrichter, dass sie die Regeln des Wettkampfes einhalten. Der genaue Wortlaut heißt: „*Im Namen aller Athleten verspreche ich, dass wir an den Olympischen Spielen teilnehmen und dabei die gültigen Regeln respektieren und befolgen und uns dabei einem Sport ohne Doping und ohne Drogen verpflichten, im wahren Geist der Sportlichkeit, für den Ruhm des Sports und die Ehre unserer Mannschaft.*"

Das Komma vor nebenordnenden Konjunktionen

Vor nebenordnenden Konjunktionen, die Wörter, Wortgruppen oder Hauptsätze miteinander verbinden, steht zumeist kein Komma. Merken solltest du dir folgende Konjunktionen: und, oder, sowie, entweder … oder, sowohl … als auch, weder … noch, beziehungsweise

Vor entgegensetzenden und einschränkenden Konjunktionen setzt du jedoch ein Komma. Folgende Konjunktionen kommen besonders häufig vor:
, aber
, sondern
nicht nur …, sondern auch
einerseits …, andererseits
teils …, teils

4 Markiere die Konjunktionen und entscheide dann, ob du ein Komma setzen musst.

Wissenswertes aus dem Olympialand 2008: China

- China ist mit 1,3 Milliarden Menschen das bevölkerungsreichste Land der Welt aber es ist nur das drittgrößte Land der Welt: Kanada sowie Russland sind größer.
- China hat etwa 170 Millionenstädte. Shanghai und Peking sind die größten Städte Chinas. Shanghai hat etwa 18 Millionen Einwohner und Peking etwa 15 Millionen. Zum Vergleich: Die größte Stadt in Deutschland ist Berlin und hat ungefähr 3,5 Millionen Einwohner.
- Die Flagge der VR China ist rot, rechteckig und hat einen großen und vier kleine goldene Sterne in der linken oberen Ecke. Die Farbe Rot steht für das kommunistische System, das in China besteht.
- Seit dem Jahr 2005 stehen die Menschenrechte in der chinesischen Verfassung aber sie werden oft noch nicht eingehalten. In China gibt es weder Pressefreiheit noch das Recht auf freie Meinungsäußerung.
- Die fünf offiziell anerkannten Religionen in China sind der Buddhismus, der Taoismus, der Islam, das protestantische und das katholische Christentum.
- China weist eine große landschaftliche Vielfalt auf: Sowohl der Himalaja und das Hochland von Tibet im Südwesten als auch die zahlreichen Wüstenbecken im nördlichen Teil sowie die tropische Südostküste sind beeindruckend.

Die Chinesische Mauer

- Ebenso vielfältig ist die Tierwelt Chinas. Sie zeichnet sich vor allem durch seltene Tierarten wie den Großen Panda, die Stumpfnasengiraffe, den Südchinesischen Tiger, den Rotkammkranich, den Weißflossendelfin, den Ohrfasan, den Schopfibis sowie den China-Alligator aus.
- Für Europäer ist sowohl die chinesische Sprache als auch die chinesische Schrift sehr schwierig zu lernen. Es gibt etwa 50 000 unterschiedliche Zeichen aber man benötigt nur 3 000 – 4 000, um im Alltag zurechtzukommen.
- Dafür ist die Grammatik im Chinesischen leichter als im Deutschen. So kennt das Chinesische weder Gegenwart noch Vergangenheitsformen.
- Karaoke ist eine sehr beliebte Freizeitbeschäftigung in China. Chinesen gehen abends zumeist nicht in die Disko oder Kneipe sondern lieber mit Freunden zum Karaoke.
- In China befindet sich das größte Bauwerk der Welt, nämlich die Chinesische Mauer (万里长城/萬裡長城). Sie ist über 6 000 km lang und wurde ab dem 3. Jahrhundert errichtet, um das Land vor Angreifern zu schützen. Die Große Mauer ist kein durchgehendes Bauwerk sondern sie besteht aus einer Vielzahl verschieden langer Großer Mauern aber auch diese einzelnen Großen Mauern sind teilweise Hunderte von Kilometern lang.
- Nicht nur die Chinesische Mauer beeindruckt die ausländischen Touristen sondern zahlreiche weitere Sehenswürdigkeiten sind einen Besuch wert.
- Einerseits fasziniert viele die chinesische Kultur anderseits verurteilen sie zu Recht, dass die Menschenrechte in China nicht eingehalten werden.

Das Komma vor den Konjunktionen wie und als

Du setzt vor den Konjunktionen wie und als nur dann ein Komma, wenn ein vollständiger Gliedsatz folgt.
Die nächsten Olympischen Spiele werden noch imposanter sein als die vor vier Jahren.
Die nächsten Olmpischen Spiele werden noch imposanter sein, als sie es vor vier Jahren waren.

Entscheide, in welchen Sätzen das Komma fehlt, und setze es.

Asiatische Sprichwörter

- Eine Freundschaft ist wie eine Tasse Tee. Sie muss klar und durchscheinend sein und man muss auf den Grund schauen können.
- Hoffnung ist wie der Zucker im Tee: Auch wenn sie klein ist, versüßt sie alles.
- Es ist besser, die Leute zu erschrecken als diese zu treffen.
- Einmal abschreiben ist besser als zehnmal lesen.
- Lernen ist wie rudern gegen den Strom – wer aufhört, treibt zurück.
- In einem guten Wort steckt für drei Winter Wärme; ein böses Wort verletzt wie sechs Monate Frost.
- Gönne dir einen Augenblick der Ruhe und du begreifst wie sinnlos du herumgehastet bist.
- Ein Buch ist wie ein Garten, den man in der Tasche trägt.
- Nach einem Feuerwerk ist die Finsternis dunkler als man es sonst gewohnt ist.
- Schildkröten können dir mehr über den Weg erzählen als Hasen.
- Ein Floh auf der Schlafmatte ist schlimmer als ein Löwe in der Wüste.
- Ein gespannter Bogen ist gefährlicher als ein abgeschossener Pfeil.
- Ein fallender Baum macht mehr Lärm als ein wachsender Wald.
- Viele Menschen lassen sich lieber durch Lob ruinieren als durch Kritik verbessern.
- Denke nicht ans Gewinnen, doch denke darüber nach wie man nicht verliert.

Das Komma in einfachen Satzgefügen

Du trennst Nebensätze vom Hauptsatz, indem du ein Komma setzt. Der Nebensatz kann an drei unterschiedlichen Stellen stehen. Er kann vor dem Hauptsatz stehen, dahinter oder er kann in den Hauptsatz eingefügt werden.

Die Vorbereitungen für die Olympischen Spiele werden schon jetzt aufmerksam verfolgt (HS), weil sich viele Menschen auf das sportliche Großereignis freuen (NS).
Weil sich viele Menschen auf das sportliche Großereignis freuen (NS), werden die Olympischen Spiele schon jetzt aufmerksam verfolgt (HS).
Die Olympischen Spiele werden (HS), weil sich viele Menschen auf das sportliche Großereingis freuen (NS), schon jetzt aufmerksam verfolgt (HS).

In der Regel werden Nebensätze durch eine Konjunktion oder durch ein Relativpronomen (der, die, das, welcher) eingeleitet. Bekannte Konjunktionen, die einen Nebensatz einleiten, sind: als, weil, wenn, obwohl, nachdem, dass, während, damit, indem

Für einige Wochen werden viele Menschen viel Zeit vor dem Fernseher verbringen. Sie wollen dabei sein, wenn die Spitzensportler um die Medaillen kämpfen.
Die Spitzensportler, die die Qualifikation für die Olympischen Spiele erreicht haben, haben jahrelang hart für die Spiele trainiert.

6 Unterstreiche zunächst die Hauptsätze mit einem roten Stift und setze anschließend die Kommas.

Die Paralympics

- Die Paralympics die in der Regel nach den regulären Olympischen Spielen stattfinden sind die Olympischen Spiele für Sportler mit körperlicher Behinderung.

- 1948 gab es zum ersten Mal einen sportlichen Wettbewerb bei dem behinderte Sportler ihr sportliches Können beweisen und sich mit anderen Sportlern messen konnten.

- Damit es eine direkte Verbindung zu den Olympischen Spielen gab wurden sie am selben Tag wie diese eröffnet.
- Als Vater der Paralympics gilt der Neurologe Ludwig Guttmann der in einem Krankenhaus in England die Abteilung für Querschnittsgelähmte leitete.
- Er erkannte dass das Sporttreiben für den Körper seiner Patienten und für ihr Selbstbewusstsein sehr wichtig war.
- Seit 1960 sind die Olympischen Spiele und die Paralympics so gekoppelt dass sie in einem kurzen Abstand folgen.
- Obwohl die sportlichen Leistungen behinderter Athleten beeindruckend sind werden sie viel weniger beachtet als die Leistungen der nichtbehinderten (nicht behinderten) Athleten bei den Olympischen Spielen.
- Das Interesse nimmt aber stetig zu. Während bei den Paralympics 1960 in Rom etwa 400 Athleten aus 23 Ländern an den Start gingen waren es 2004 in Atlanta bereits fast 4 000 Sportler aus 136 unterschiedlichen Nationen.
- Auch die Sportler der Paralympics stehen unter einem hohen Druck weil ihre Leistungen immer besser und spektakulärer sein müssen.
- So wurden für fast jede Disziplin spezielle Prothesen entwickelt die solche Höchstleistungen ermöglichen.
- Auch bei den Paralympics versuchen Sportler ihre Leistungsfähigkeit auf illegalem Wege zu verbessern indem sie zu Dopingmitteln greifen.
- Nachdem bei den Spielen in Athen 2004 drei Gewichtheber bei einem Dopingtest überführt wurden wird es bei allen zukünftigen Spielen auch weiterhin strenge Kontrollen geben.

Das Komma in erweiterten Satzgefügen

Nebensätze, die nicht wie in einfachen Satzgefügen vom Hauptsatz, sondern von einem anderen Nebensatz abhängen, werden ebenfalls durch ein Komma abgetrennt.

Weil viele Menschen immer noch unsicher sind (NS), wie sie sich gegenüber behinderten Menschen verhalten sollen (NS), haben die Paralympics eine wichtige Bedeutung (HS). Sie sollen Berührungsängste abbauen (HS), die viele Menschen immer noch haben, wenn sie einem behinderten Menschen begegnen (NS).

 Unterstreiche die Haupt- und Nebensätze in unterschiedlichen Farben (HS: rot, NS: grün) und setze die fehlenden Kommas.

Wojtek Czyz – Star der Paralympics 2004

Der Star der Paralympischen Spiele in Athen 2004 war unzweifelhaft Wojtek Czys der nach einer Unterschenkelamputation im Jahre 2001 nicht aufgab sondern seinen Lebensmut behielt und sich neue sportliche Ziele setzte. Nachdem er 100 Meter in 12,51 Sekunden lief, 200 Meter in Weltrekordzeit von 26,18 Sekunden und 6,23 Meter weit sprang gewann er in allen drei Disziplinen eine Goldmedaille. Wie wird man in nur drei Jahren dreifacher Goldmedaillenträger? Bevor Czys bei einem Unfall der sein Leben radikal verändern sollte seinen rechten Unterschenkel verlor war er ein begeisterter Fußballspieler mit Aussicht auf eine Profikarriere bei Fortuna Köln.

Doch beim Abschiedsspiel für seinen alten Verein wurde er stark gefoult: Das gestreckte Bein des gegnerischen Torwarts traf mit voller Wucht sein Knie sodass es zertrümmert wurde und den Unterschenkel nicht mit genügend Blut versorgte.

Als Wojtek Czyz erfuhr dass sein Bein nicht mehr zu retten war brach eine Welt für ihn zusammen weil sein gesamtes Leben auf das Fußballspielen ausgerichtet war. Doch er hatte Glück und traf auf Menschen die ihm neue Perspektiven aufzeigten. Während der Rehabilitation in einer Fachklinik in der er den Umgang mit einer Prothese erlernte ermutigte ihn sein Sporttherapeut und zweifacher Paralympics-Sieger, für die Paralympics zu trainieren. Darüber hinaus lernte er den Orthopädietechniker Herbert Ganter kennen der ihm zeigte wie viel Prothesen leisten können wenn sie professionell entwickelt und gebaut werden. Beide begleiteten ihn zu den Olympischen Spielen nach Athen und feuerten ihn an.

Wenn man Czys fragt welche Pläne er noch in seinem Leben hat zeigt sich seine ganze Energie. Im Moment trainiert er mit voller Kraft für die nächsten Paralympics weil er hier seine Erfolge verteidigen möchte obwohl er weiß dass die Konkurrenz stark aufgeholt hat.

Anschließend hat er sich bereits ein neues Ziel gesetzt. Er möchte der erste Beinamputierte sein der einen Marathon läuft.

Das Komma bei Infinitivgruppen

Du trennst einen Infinitiv mit zu, zu dem weitere Wörter hinzukommen, vom übrigen Satz ab, wenn diese Infinitvgruppe von einem Nomen/Substantiv im übergeordneten Satz abhängt.

Bettina Eistel ist die Silbermedaillengewinnerin im Dressurreiten von Athen 2004. Sie hat die Absicht, auch in anderen großen Wettbewerben wieder erfolgreich zu sein. Sie sieht dadurch auch die Chance, Menschen mit einem Handicap Mut zu machen.

Enthält der übergeordnete Satz hinweisende Wörter wie dazu, darum, daran, darauf, es, damit wird die Infinitivgruppe ebenfalls durch Komma abgetrennt.

Es wird nicht leicht für sie sein, wieder einen Spitzenplatz zu erkämpfen.
Sie hat aber nie daran gedacht, sich der Herausforderung nicht zu stellen.

Fehlt ein hinweisendes Nomen/Substantiv oder ein anderes hinweisendes Wort kannst du dich entscheiden, ob du ein Komma setzt oder nicht.

Bettina Eistel hat früh gelernt (,) mit ihrer Behinderung umzugehen.

Zeichensetzung

8 Setze die fehlenden Kommas.

Porträt: Bettina Eistel

- Bettina Eistel ist eine außergewöhnliche Frau, der es trotz ihrer starken Körperbehinderung gelingt, ein selbstständiges und erfülltes Leben zu führen.
- Mit ihrem Vorbild schafft sie es vielen körperbehinderten Menschen Mut zu machen.
- Bettina Eistel kam 1961 ohne Arme zu Welt. Der Arzt hatte ihrer Mutter während der Schwangerschaft dazu geraten, ein Medikament zu nehmen, damit sie besser schlafen kann. Frau Eistel nahm nur zwei oder drei Tabletten, aber die Folgen für Bettina waren verheerend.
- Es war für Bettinas Eltern selbstverständlich, ihre Tochter auch mit der Behinderung anzunehmen, sie zu lieben und gut zu fördern.
- Stets machten sie ihr Mut, vieles auszuprobieren und selbstständig zu werden.
- Ihre Eltern bestärkten sie immer darin, unabhängig zu sein und auf eigenen Füßen zu stehen.
- Bettina ergriff die Chance, sich zu behaupten und ihr Leben allein zu leben.
- Sie lernte es, ihre Füße wie Hände zu gebrauchen. Heute schminkt sie sich mit ihren Füßen, sie zieht sich an, kocht, telefoniert, strickt und fährt sogar Auto.
- Hartnäckig kämpften ihre Eltern dafür, Bettina auf eine Regelschule zu schicken.
- Es gelang ihnen, den Schulbesuch auf einem Hamburger Gymnasium durchzusetzen. 1979 machte Bettina dort ihr Abitur und studierte anschließend Psychologie.
- Sie ist beruflich erfolgreich und hat es dank ihres eisernen Willens geschafft, eine Anstellung in einer Hamburger Erziehungsberatungsstelle zu bekommen. Außerdem moderiert sie das TV-Magazin „Menschen".

- Bettina Eistel ist begeisterte Reiterin. Das Reiten hilft ihr in eine andere Welt einzutauchen und neue Kraft zu gewinnen.
- In einem Interview sagte sie einmal: „Behinderte Menschen sind prädestiniert dafür kreativ zu denken." Diesen Gedanken setzt sie jeden Tag aufs Neue um.

Das Komma bei Infinitivgruppen mit um, ohne, statt, anstatt, außer

Du musst ein Komma setzen, wenn die Infinitivgruppe mit um, ohne, statt, anstatt, außer eingeleitet wird.

Bettina Eistel nutzt jede freie Minute, um mit ihrem Pferd zu trainieren. Anstatt in der Sonne zu faulenzen, nutzt sie jede freie Minute.

9 Setze auch hier die fehlenden Kommas.

**Bettina Eistel:
Ohne Arme auf dem Pferd**

Auch Bettina Eistel ist eine Ausnahmesportlerin. Trotz ihrer Behinderung führt sie ein selbständiges Leben ohne auf die Hilfe anderer angewiesen zu sein. Anstatt sich in ihr Schicksal zu fügen lernte sie von klein auf ihre Füße wie Hände zu gebrauchen. Den Mut ein selbständiges Leben zu führen bekam sie von ihren Eltern, die ihre behinderte Tochter förderten. Statt diese zu bremsen durfte Bettina vieles ausprobieren. So erlaubten die Eltern ihrer kleinen Tochter auch das Reiten zu lernen. Um ihr eine Freude zu machen hob ihre ältere

Schwester sie als kleines Mädchen auf ein Shetlandpony und die kleine Bettina begeisterte sich schnell für das Reiten. Ohne über mögliche Risiken nachzudenken freundete sie sich mit den großen Vierbeinern an.

Sie lernte das Reiten in einer therapeutischen Reitgruppe. Früh erkannte man dort ihr Talent mit Pferden umzugehen.

Bettina Eistel entwickelte eine ausgeklügelte Technik um das Pferd zu führen: Sie reitet mit zwei Zügelpaaren; das eine Paar hält sie zwischen den Zähnen in ihrem Mund und das andere mit ihren Füßen im Steigbügel.

Sie nimmt sich sehr viel Zeit um ihre Pferde auszuwählen. Denn sie muss sich ganz auf ihr Pferd verlassen können um die Unfallgefahr zu verringern. Mit ihrem Lieblingspferd Aaron gewann sie bei den Paralympics in Athen 2004 zweimal Silber und einmal Bronze in der Dressur, bei den Europameisterschaften in Ungarn 2006 endlich die lang ersehnte Goldmedaille.

Statt ihren verlorenen Armen nachzutrauern hat sich Bettina Eistel darauf konzentriert die Kräfte zu nutzen, die sie zur Verfügung hat.

Bettina Eistels großes Ziel ist es bei den nächsten Paralympics dabei zu sein.

Zeichensetzung

Teste dein Wissen 9

1 Lass dir den Text diktieren und setze die Kommas selbstständig.

Olympiavorbereitungen in Peking (Teil I)

Im Juli 2001 wurde Peking zum Ausrichter der Olympischen Spiele 2008 gewählt. Peking setzte sich gegen die Mitbewerber Paris Toronto Osaka und Istanbul durch. Sieben Jahre hatte Peking also Zeit um sich auf das sportliche Großereignis vorzubereiten. Peking hat die Zeit genutzt Wettkampfstätten geplant gebaut und mindestens 30 Milliarden Euro investiert damit das sportliche Großereignis ein Erfolg wird. Die neu entstandenen Arenen Stadien und Grünanlagen sind architektonische Besonderheiten.

Auch die Pekinger wurden darauf vorbereitet gute Gastgeber zu sein. So lernten sie eifrig Englisch in Kursen die kostenlos angeboten werden damit sie auf Fragen der ausländischen Gäste antworten konnten.

Um die Gäste durch besonders höfliches Verhalten zu beeindrucken gab es zahlreiche Benimmkurse in denen die Pekinger gute Manieren trainieren konnten. Da Peking ein ungeheures Verkehrsaufkommen hat das für Ausländer nicht zu überblicken ist gab es hier besonders viel zu tun. So wurde im Vorfeld der Elfte eines jeden Monats zum „Schlangestehtag" erklärt. An diesem Tag kontrollierten Freiwillige ob die Pekinger ohne Drängeln in Bus und Bahn einsteigen. Andere Helfer passten täglich darauf auf dass sowohl Fußgänger als auch Radfahrer nicht bei Rot über die Kreuzungen gingen beziehungsweise fuhren. Es ist mittlerweile auch verboten in Schlafanzug oder Unterhemd oder gar mit freiem Oberkörper auf die Straße zu gehen. All diese Vergehen werden mit Geldstrafen geahndet.

2 Lass dir den Text diktieren und setze die Kommas selbstständig.

Olympiavorbereitungen in Peking (Teil II)

Obwohl Peking weder Kosten noch Mühen gescheut hatte um die Stadt für die Wettkämpfe in einem neuen Glanz erstrahlen zu lassen erwartete man

Probleme bei den Spielen. Die Luftverschmutzung in Peking ist so groß dass Athleten die Ausdauersportarten wie Laufen und Radrennen betreiben Beeinträchtigungen fürchteten weil sie nicht richtig durchatmen können. Das australische Team hatte bereits angekündigt es wolle so spät wie möglich anreisen um seine Athleten vor der schlechten Luftqualität zu schützen. In der Tat gilt Peking als die dreckigste Hauptstadt der Welt. In der 15-Millionen-Stadt gibt es etwa drei Millionen Autos und jeden Tag werden gut 2 000 Wagen neu zugelassen. Die Regierung scheute aber keinen Aufwand um auch dieses Problem zu lösen. So wurde das U-Bahnliniennetz ausgebaut um den Verkehr zu entlasten. Solange die Spiele dauerten stellten alle Fabriken im Umkreis von 120 Kilometern ihre Produktion ein. Außerdem wurde der Berufsverkehr abgeschafft indem die Pekinger 16 Tage olympischen Sonderurlaub bekamen.

Haltestelle

Zeichensetzung

1 Anreden, Ausrufe und besondere Bekräftigungen trennst du durch ein Komma vom übrigen Satz ab.

Du meine Güte, die Vorbereitungen der Olympischen Spiele sind aber sehr aufwendig!

2 Aufzählungen werden durch Kommas voneinander abgetrennt. Eine Aufzählung kann aus Einzelwörtern, aus Wortgruppen oder aus Sätzen bestehen.

Johanna, Carla, Elisabeth, Julian und Philipp haben sich verabredet.

Die kluge Johanna, die kreative Carla, die sprachgewandte Elisabeth, der sportbegabte Julian und der fleißige Philipp sind ein gutes Team.

Sie bereiten gemeinsam ein Referat über die Olympischen Spiele vor, sie wollen ihre Note im Fach Politik verbessern und sie haben deshalb diese Zusatzaufgabe übernommen.

3 Du trennst auch Einschübe und nachgestellte Erläuterungen durch ein Komma vom übrigen Satz ab.

Johanna, Carla, Elisabeth, Julian und Philipp, vier Klassenkameraden, haben sich verabredet.

Sie wollen gemeinsam ein Referat für den Politikunterricht vorbereiten, und zwar über die Olympischen Spiele.

4 Vor den nebenordnenden Konjunktionen und, oder, sowie, entweder ... oder, sowohl ... als auch, weder ... noch, beziehungsweise setzt du kein Komma.

Sowohl die Olympischen Sommerspiele als auch die Olympischen Winterspiele bescheren den Sendern hohe Einschaltquoten.

5 Vor entgegensetzenden Konjunktionen wie aber, sondern, nicht nur ... sondern auch, einerseits ... andererseits, teils ... teils setzt du ein Komma.

Die Paralympics werden zwar immer bekannter, aber sie erreichen noch lange nicht die Einschaltquoten, die die Olympischen Spiele haben.

Wortarten

6 Vor den Konjunktionen wie und als setzt du nur dann ein Komma, wenn ein vollständiger Nebensatz folgt.

Die Paralympics sind in der Bevölkerung bekannter als erwartet.

Die Paralympics sind in der Bevölkerung bekannter, als ich es erwartet habe.

7 Haupt-und Nebensätze werden durch ein Komma voneinander getrennt. Besteht ein Satzgefüge aus einem Hauptsatz und mehreren Nebensätzen, trennt man auch die Nebensätze durch ein Komma voneinander ab.

Weil die Olympischen Spiele das sportliche Großereignis waren (NS), wurden viele Millionen Zuschauer erwartet (HS).

Weil die Olympischen Spiele das sportliche Großereignis waren (NS), auf das sich viele Menschen schon vier Jahre freuten (NS), wurden viele Millionen Zuschauer erwartet (HS).

8 Infinitivgruppen werden durch ein Komma von dem übrigen Satz abgetrennt, wenn ein Nomen/Substantiv im übergeordneten Satz darauf hinweist.

Bettina Eistel hat die Absicht, auch bei den nächsten Olympischen Spielen dabei zu sein.

Sie werden auch durch ein Komma abgetrennt, wenn der übergeordnete Satz hinweisende Wörter wie dazu, darum, daran, darauf, es enthält.

Es liegt ihr viel daran, eine gute Platzierung zu erreichen.

Du musst auch dann ein Komma setzen, wenn die Infinitivgruppe mit um, ohne, statt, anstatt, oder außer eingeleitet wird.

Um eine gute Platzierung zu erreichen, trainiert sie mehrere Stunden am Tag.

Lösungen

Tipps zur Rechtschreibung

S. 8, Ü 1:

kurzer Vokal	langer Vokal
die Sonne, die Hand, schwimmen, die Angel, klettern, hoffen, schenken, die Dogge, ängstlich, das Kind, windig, denken, tanzen, singen	gut, das Boot, fahren, das Mehl, die Höhle, hören, der Sohn, der Tag, die Fee, das Paar, fühlen, die Seele, lesen, der Mut, der Zoo, die Haare, der Faden, leben

S. 8, Ü 2: Lang ausgesprochene, betonte Vokale können

- mit einfachem Vokal geschrieben werden.
- mit dem Buchstaben h, der die Dehnung zeigt, geschrieben werden.
- mit einem Doppelvokal geschrieben werden.

Nach einem kurzen, betonten Vokal folgt/folgen oft

- ein Doppelkonsonant.
- zwei unterschiedliche Konsonanten.

S. 9, Ü 3: Individuelle Lösung

S. 9, Ü 4: **Knut**

Menschen, Zoo, Wurfhöhle, kümmerte, Stunden, Besenstiel, Käfig, Rettungsaktion, Tage, päppelte, Handzucht, Wohnung, Pflege, kamen, Fortschritten, berühmten

S. 10, Ü 5: **Tierleben im Zoo**

merkwürdig, merkwürdiger
Kind, Kinder
eindeutig, eindeutiger
zeigte, zeigen
lebt, leben
Käfig, Käfige
lebhaft, leben
Hand, die Hände
gesäugt, säugen
wird, werden
Tierliebhaber, lieben
Haltung, die Haltungen
wenig, weniger

Beilage zu „Rechtschreibung üben 7./8. Schuljahr" (025196)

Zu den Seiten 11–13

bleibt, bleiben
Antrieb, Antriebe
selbstständig, selbstständiger
Lob, loben
ähnlich, ähnlicher
Beitrag, Beiträge

S. 11, Ü 6:
- die Mutter, mutterlos, das Muttermal, mütterlich, die Muttersprache, der Muttertag
- reisen, die Reise, das Reisefieber, die Reiselust, der Reisepass, reisefertig, das Reisebüro, das Reiseandenken, der Reiseführer, das Reiseandenken
- mutig, mutlos, die Mutprobe, muterfüllt
- Kind, kindisch, kinderfreundlich, das Kinderbuch, der Kindergarten, kinderleicht, das Kinderlied, kindersicher, kinderlieb
- der Wind, windig, windschief, windstill, das Windrad, das Windlicht, windgeschützt, die Windenergie
- festlich, das Fest, der Festsaal, das Festmahl, die Festbeleuchtung, das Festessen, die Festhalle

S. 12, Ü 7: **Der Panther**

Nomen/Substantive
Adjektive
Verben

Sein Blick ist vom Vorübergehn der Stäbe
so müd geworden, dass er nichts mehr hält.
Ihm ist, als ob es tausend Stäbe gäbe
und hinter tausend Stäben keine Welt.

Der weiche Gang geschmeidig starker Schritte,
der sich im allerkleinsten Kreise dreht,
ist wie ein Tanz von Kraft um eine Mitte,
in der betäubt ein großer Wille steht.

Nur manchmal schiebt der Vorhang der Pupille
sich lautlos auf –. Dann geht ein Bild hinein,
geht durch der Glieder angespannte Stille –
und hört im Herzen auf zu sein.

S. 13, Ü 8: **Tierische Therapeuten**

Alltag, lebt, Hund, Gesundheit, Zufriedenheit, (das) Schmusen, gibt, (zum) Lachen, (zum) Spielen, das Beobachten, senkt, behinderter (Menschen), heilsame, wird, (das) Reiten, Gangbild, überträgt, entwickeln, Muskelverkrampfungen, Hand, geistig, Kinder, schönen Tieren, bekommen, aufregenden, neues

Mit dem Wörterbuch arbeiten

S. 14, Ü 1: **Die Schnecke**

8-1-21-19	Haus
1-21-19	aus
8-1-21-19	Haus
8-1-21-19	Haus
8-21-5-6-20-5-14	Hüften
8-1-21-19	Haus
12-21-5-6-20-5-14	lüften

Der Stier

19-20-9-5-18	Stier
8-15-18-14	Horn
8-15-18-14	Horn
20-21-20-5-14	tuten
20-21-20-5-14	tuten

S. 15, Ü 2:
Schlüssel
Schlüsselbegriff
Schlüsselbein
Schlüsselblume
Schlüsselbrett
Schlüsseldienst
Schlüsselerlebnis
Schlüsselkind
Schlüsselloch
Schlüsselposition
Schlusselqualifikation

S. 15, Ü 3:

wurde	werden	S.	
ging	gehen	S.	
nahm	nehmen	S.	
Kapellmeister	Kapellmeister	S.	
liebevoller	liebevoll	S.	
verbrachte	verbringen	S.	individuelle Lösung,
wollte	wollen	S.	je nach verwendetem
Musikgeschäft	Musikgeschäft	S.	Wörterbuch
begann	beginnen	S.	
eifriger	eifrig	S.	
unwohler	unwohl	S.	
lieber	lieb	S.	
Bühnen	Bühne	S.	
gingen	gehen	S.	

Zu den Seiten 16–17

S. 16, Ü 4: Rage, Ralf, Rakete, Rallye, Ramadan, rammen, Rambazamba, rammdösig, Rahmkäse, Rainer, Ragout

S. 17, Ü 5:

Nomen/ Substantiv	Silbentrennung	Genus	Pluralform	Bedeutung
Rallye	Ral-lye	Femininum	Ralleyes	Autorennen in einer oder mehreren Etappen
Ritus	Ri-tus	Maskulinum	Riten	Zeremonie
Serigrafie	Se-ri-gra-fie	Femininum	–	Siebdruck
Stornierung	Stor-nie-rung	Femininum	Stornierungen	Buchungsfehler berichtigen
Thermodynamik	Ther-mo-dy-na-mik	Femininum	–	Wärmelehre
Waldenser	Wal-den-ser	Maskulinum	–	Angehöriger einer religiösen Bewegung im Mittelalter
Chlorophyll	Chlo-ro-phyll	Neutrum	–	Blattgrün
Fuzzylogik	Fuz-zy-lo-gik	Femininum	–	EDV bei Systemen der künstlichen Intelligenz: angewandte Methode der Nachahmung des menschlichen Denkens
Autarkie	Au-tar-kie	Femininum	Autarkien	wirtschaftliche Unabhängigkeit vom Ausland
Diversität	Di-ver-si-tät	Femininum	–	Vielfalt

Zu der Seite 17

Mystik	Mys-tik	Femininum	–	Geheimlehre, religiöse Richtung, die den Menschen durch Hingabe und Versenkung zur persönlichen Vereinigung mit Gott zu bringen sucht
Narziss	Nar-ziss	Maskulinum	–	in sein Bild verliebter schöner Jüngling der griechischen Sage; jemand, der sich selbst bewundert und liebt
Krähenfüße	Krä-hen-fü-ße	Femininum	gibt es nur im Plural	Fältchen in den Augenwinkeln; unleserliche Schrift; kleine, spitze Eisenstücke, die die Reifen verfolgender Autos beschädigen sollen
Paella	Pa-el-la	Femininum	–	spanisches Reisgericht mit Fleisch, Fisch und Gemüse
Helioskop	He-lios-kop	Maskulinum	Helioskope	Gerät mit Lichtschwächung zur direkten Sonnenbeobachtung
Diwan	Di-wan	Maskulinum	Diwane	niedriges Liegesofa

Zu den Seiten 17–18

Dogmatis-mus	Dog-ma-tis-mus	Maskuli-num	–	(unkritisches) Festhalten an Lehrmeinungen und Glaubenssätzen)
Daktylogramm	Dak-ty-lo-gramm	Neutrum	Daktolygramme	Fingerabdruck
Hämoglobin	Hä-mo-glo-bin	Neutrum	–	roter Blutfarbstoff

Teste dein Wissen 1

S. 18, Ü 1: Kabarett, S.
Publikum, S.
blieb, S.
erspart, S.
Karriere, S.
trostlos, S.
vergnügte, S.
größten, S.
zahlreiche, S.
ständig, S.
Schlaganfall, S.
blieb, S.
Tod, S.
Spaß, S.

individuelle Lösung, je nach verwendetem Wörterbuch

Zu den Seiten 19–21

Schwierige Konsonanten

S. 19, Ü 1:

Nomen/Substantive	Verben	Adjektive
der Fußball, das Fenster, der Fluss, der Saft, das Ufer, das Efeu, der Eifer, der Koffer, der Stoff, die Freunde, der Senf, die Harfe, das Mofa, das Kaff, die Giraffe	flitzen, fragen, treffen, fliegen, hoffen, nachäffen, filmen, feiern, laufen, dürfen, frieren, rufen, flüstern, flunkern, fauchen	faul, flink, finster, frei, fett, fleißig, fünf, sanft, fertig, eifrig, saftig, tief, scharf, schlaff, fies

S. 21, Ü 2:

P	T	k
Pf	Tr	kl
Pfe	Tro	klo
Pfef	Trop	klop
Pfeff	Tropf	klopf
Pfeffe	Tropfe	klopfe
Pfeffer	**Tropfen**	**klopfen**
Pfeffe	Tropfe	klopfe
Pfeff	Tropf	klopf
Pfef	Trop	klop
Pfe	Tro	klo
Pf	Tr	kl
P	T	k
r	Z	K
ru	Za	Ku
rup	Zap	Kup
rupf	Zapf	Kupf
rupfe	Zapfe	Kupfe
rupfen	**Zapfen**	**Kupfer**
rupfe	Zapfe	Kupfe
rupf	Zapf	Kupf
rup	Zap	Kup
ru	Za	Ku
r	Z	K

S. 22, Ü 3: verbieten, verblühen, verbummeln, verdrängen/sich vordrängen, verfahren/vorfahren, sich verkriechen, verbrauchen, vermieten, verpetzen, versammeln, verschlafen/vorschlafen, verurteilen, verwählen, vorlesen/sich verlesen, vorstellen/verstellen, vortragen/vertragen, vorschicken/verschicken, vorschreiben/sich verschreiben

die Veränderung, der Vorschlag, die Vorwarnung/die Verwarnung, die Vorfreude, die Verbesserung, die Verehrung, die Verfärbung, die Verkleidung, die Verfälschung, der Vorbote, die Vorkenntnisse, das Vorbild, der Vorfall/der Verfall, die Vorgeschichte, das Vorgefühl, die Vorliebe, der Vormittag, die Vorliebe

Die beiden Wörter vertrauen/das Vertrauen, sich verhalten/das Verhalten sind sowohl Verben als auch Nomen/Substantive.

S. 23, Ü 4: **Die Sonne**

Seit 4,5 Milliarden Jahren leuchtet dieser riesige Gasball immer etwa gleich hell. Entstanden ist die Sonne aus einer kühlen Gas- und Staubwolke, die sich **fest** zusammenzog und dabei immer schneller und schneller drehte. **Fliehkräfte** waren in dieser **Phase dafür verantwortlich**, dass sie sich zunächst zu einer **flachen** Scheibe **formierte**. In deren Zentrum ballte sich dann die gesamte Materie zu einer großen Kugel aus **Wasserstoff** und Helium. **Für** uns kaum **vorstellbar,** war die entstehende Sonne zunächst kalt, wurde aber beim Zusammenziehen so heiß, dass in ihrem Inneren nun Temperaturen von 15 Millionen Grad Celsius herrschen.
In der **Fotosphäre/Photosphäre,** der sichtbaren Schicht der **Sonnenoberfläche, findet** man sogenannte **Sonnenflecken,** die im **Fernrohr aufgrund** deutlich niedrigerer Temperaturen **tiefschwarz** erscheinen. Ein einziger **Fleck** wäre jedoch **viel** heller als der **Vollmond.**
Über der **Fotosphäre/Photosphäre** liegt die dünne Schicht einer rötlichen **Farbsphäre,** die von der extrem heißen **Sonnenatmosphäre** umhüllt wird.
Es ist die **Kernfusion,** der die Sonne ihr langes Leben als leuchtender **Fixstern verdankt.** Sehr **vereinfacht** erklärt, wird aus **vier Wasserstoffatomkernen** ein Heliumkern **aufgebaut.** Da dieser leichter ist, geht Masse **verloren.** Nach der berühmten **Formel** $E = mc^2$ (E = Energie, m = Masse, c = Lichtgeschwindigkeit) des **fantastischen Physikers** Albert Einstein (1879–1955) wird die **verloren** gehende Masse in **unvorstellbare** Energiemengen umgewandelt. Nur ein winziger Bruchteil der **freigesetzten** Energie wird von der Erde **aufgefangen** und ermöglicht die **Vielfalt** allen Lebens.
Nach wissenschaftlichen Berechnungen hat die Sonne in **Zukunft** noch **Brennstoff für** mindestens **fünf** Milliarden Jahre, **bevor** sie sich zum roten Riesen **aufblähen** und dann zum weißen Zwerg **schrumpfen** wird.

Zu den Seiten 25–26

S. 25, Ü 5:

d oder t? g oder k? b oder p?	Verlängerungsprobe	richtige Schreibweise
plum?	plumper	plump
gel?	gelber	gelb
der Aben?	die Abende	der Abend
die Wel?	die Welten	die Welt
Er re?t sich auf.	sich aufregen	Er regt sich auf.
Sie par?t.	parken	Sie parkt.
gesun?	gesünder	gesund
bun?	bunter	bunt
das Telesko?	die Teleskope	das Teleskop
der Urlau?	die Urlaube	der Urlaub
Er entschie? sich.	sich entscheiden	Er entschied sich.
kran?	kränker	krank
gepfle?t	gepflegter	gepflegt
Es pie?t.	piepen	Es piept.
Sie gi?t.	geben	Sie gibt.
die Parkban?	die Parkbänke	die Parkbank
der Zwer?	die Zwerge	der Zwerg

S. 26, Ü 6: b-Blume: hübsch, Krebs, Obst, Herbst, obwohl, Publikum, Problem
p-Blume: Schlips, Rezept, September, Knirps, Mops, Stöpsel, Hauptstadt
g-Blume: Hengst, Angst, leugnen, begegnen, Pfingsten, Bug
d-Blume: Jugend, niedlich, Widmung, bald, Ordnung, während, nirgends
k-Blume: Punkt, Oktober, praktisch
t-Blume: Antwort, etwas, insgesamt, Lotse, Gletscher, etliche, Antlitz

Zu den Seiten 27–29

S. 27, Ü 7:

-ig oder -ich	Verlängerungsprobe	richtige Schreibweise
bedrohl?	bedrohlicher – bedrohliche Unwetter	bedrohlich
hügel?	hügeliger – hügelige Landschaften	hügelig
pünktl?	pünktlicher – pünktliche Schüler	pünktlich
außergewöhnl?	außergewöhnliche Sportler	außergewöhnlich
mehl?	mehliger – mehlige Äpfel	mehlig
natürl?	natürlicher – natürliche Feinde	natürlich
straffäll?	straffällige Jugendliche	straffällig
sommerl?	sommerlicher – sommerliche Kleidung	sommerlich
rechtwinkl?	rechtwinklige Dreiecke	rechtwinklig
faul?	faulige Pfirsiche	faulig
höfl?	höflicher – höfliche Schüler	höflich
erstaunl?	erstaunlicher – erstaunliche Ausreden	erstaunlich

S. 28, Ü 8: die Endung, endlich, die Entscheidung, das Endspiel, das Endergebnis, das Endlager, die Endstation, enttäuschen, unendlich, verenden, beenden, endgültig, die Entschuldigung, der Entschluss, die Entfernung, die Entzündung, entgegnen, entmutigen, entrümpeln, entdecken, entsetzlich, entzücken, entfallen, entschlossen, die Unendlichkeit, die Entwarnung

S. 29, Ü 9: wütend, beeindruckend, glänzend, hervorragend, aufregend, verblüffend, alarmierend, heulend, fließend, entzückend, lachend, enttäuschend, staunend, dringend, spielend, jauchzend, hüpfend, zunehmend, steigend

Zu den Seiten 29–30

S. 29, Ü 10: Die **Geburt** der **Planeten**

In der Weite des **Weltalls gibt** es **unendlich** viele Galaxien. **Faszinierend**, dass es **etwa** 10 Milliarden sind. **Irgendwo** im **Nirgends gibt** es auch unsere Galaxie: Sie besteht aus dem Sonnensystem und **insgesamt** 200 Milliarden anderen Sternen. Merkur, Venus, Erde, Mars, Jupiter, Saturn, Uranus, Neptun und Pluto laufen in riesigen **Ellipsen** um die Sonne. Der **Abstand** zur Sonne **wird natürlich zunehmend** größer: **Während** Merkur 58 Millionen Kilometer von der Sonne **entfernt liegt, beträgt** die Sonnenferne Plutos 5 900 Millionen Kilometer. Dimensionen, die für uns **unglaublich beeindruckend** sind.
Obwohl jeder **Planet** seiner eigenen Umlaufbahn **folgt, bewegt** sich jeder einzelne **Planet** in dieselbe **Richtung**.
Wie **entstanden eigentlich die Planeten**?
Man **glaubt**, dass die Sonne und ihre **Planeten** vor 4,5 Milliarden Jahren aus einer riesigen Gas- und **Staubwolke entstanden** sind. Sich **stark verdichtend bewegten** sich die Gas- und **Staubteilchen** immer schneller um den **Mittelpunkt** der **entstehenden** Sonne.
Immer weiter **ansteigend** und heftiger **werdend bedingte** die **Rotationsgeschwindigkeit** dieser **Staubteilchen**, dass die Fliehkraft sehr **heftig** wurde. Diese Fliehkraft verhinderte, dass die gesamte Materie auf die Sonne stürzte. Nun bildete sich eine sehr **weit** ausgedehnte Scheibe aus Gas und **Staub,** in der Teile dieser Materiemassen durch die Schwerkraft zusammengezogen wurden: Die **Planeten** waren geboren.

S. 30, Ü 11: **Merkur und Venus**

Merkur ist der kleinste Planet im **endlosen** Universum. Seine **Entfernung** zur Sonne beträgt 58 Millionen Kilometer. Ein Sonnenabstand, der für die Dimensionen des Alls **wenig aufregend** und eher **unbedeutend** ist. Auch der Durchmesser dieser Steinkugel ist mit 4 880 Kilometern vergleichsweise **niedlich**. Aufgrund von Meteoriteneinschlägen ist er von Kratern übersät, die **riesig** sind. Die Temperaturunterschiede sind **beeindruckend**: Tagsüber herrschen 430 Grad Celsius; nachts –180 Grad Celsius.
Verblüffend ist, dass man die Venus **entweder** als Abend- oder als Morgenstern betrachten kann. Dies liegt daran, dass ihre Stellung auf der Bahn um die Sonne jeweils **unterschiedlich** ist. Sie gehört zu den **lebensfeindlichsten** Regionen des Sonnensystems, da ihre Atmosphäre **vorwiegend** aus Kohlendioxid besteht. Wie ein Treibhaus verstärkt es die Hitze der nahe gelegenen Sonne (108 Millionen km) **ungeheuerlich**, indem es die Wärmestrahlung festhält. Es herrschen Durchschnittstemperaturen von 480 Grad Celsius. **Unglaublich,** dass Stürme mit 320 km/h über den Planeten fegen. Die amerikanische Sonde Magellan **entdeckte** viele Vulkane und Lavaströme.

S. 32, Ü 12:
- Die Sonne leuchtet **seit (Präposition)** 4,5 Milliarden Jahren und wird dies nach wissenschaftlichen Berechnungen noch weitere 4,5 Milliarden Jahre tun. **Seit (Präposition)** ihrer Entstehung versorgt sie die Erde mit Licht und Wärme.
- **Seit/Seitdem (Konjunktion)** die Menschheit existiert, ist sie von der Sonne fasziniert. Sie diente als Zeitmesser und wurde als Gottheit verehrt. **Seit/Seitdem (Konjunktion)** Nikolaus Kopernikus (1473–1543) erkannte, dass die Erde um die Sonne kreist und nicht umgekehrt, veränderte sich das gesamte Weltbild.
- **Seid (konjugierte Verbform)** ihr euch darüber im Klaren, dass die Sonne gigantische Ausmaße hat? Sie wiegt 300 000 Mal mehr als unsere Erde. Unsere Erde würde 1 300 000 Mal in die Sonne hineinpassen.

S. 33, Ü 13:
- Unsere Erde gehört mit den Planeten Merkur und Venus zu den inneren Planeten.
  Dass unser Planet eine **Stätte** des Lebens ist, liegt auch daran, dass er mit 150 Millionen km Entfernung einen optimalen Sonnenabstand hat.
- **Statt/anstatt** wie Merkur Tagestemperaturen von 430 Grad Celsius und Nachttemperaturen von −180 Grad Celsius aufzuweisen, herrschen auf der Erde Temperaturen, die Leben ermöglichen.
- Die Erde besitzt eine dichte Atmosphäre aus Stickstoff und Sauerstoff, **statt/anstatt** wie die Venus von einer Atmosphäre umgeben zu sein, die fast ausschließlich aus dem Treibhausgas Kohlendioxid besteht.
- **Statt/anstatt** der Lebensfeindlichkeit auf Venus und Merkur gibt es auf der Erde vielfältiges Leben.
- Einige Wissenschaftler nehmen an, dass Kleinstlebewesen aus dem Weltall auf die Erde gelangt sind. **Statt/anstatt** dieser Theorie gibt es auch die Theorie, dass das Leben in der Tiefsee entstanden ist.
- Kein Astronaut wird Merkur oder Venus jemals einen **Besuch abstatten** können.

S. 33, Ü 14: **Beispiele:**

Stadt/stadt
die Stadtgeschichte, die Stadtmauer, städtisch, die Weltstadt, stadtbekannt, stadtauswärts, der Stadtbezirk, die Stadtbibliothek, der Städter, die Großstadt, die Kleinstadt, das Stadtgespräch, der Stadtplan, die Stadtverwaltung, die Stadtwerke, …

Stätte/statt
die Werkstatt, die Gaststätte, die letzte Ruhestätte, die Stattlichkeit, stattlich, die Wohnstätte, jemanden bestatten, etwas erstatten, stattfinden, stattdessen, einem Antrag stattgeben, anstatt (zu), …

Zu den Seiten 35–36

S. 35, Ü 15: Die Sterne, die wir am **häufigsten** beobachten, sind ferne Sonnen. Sie heißen **Fixsterne**. Der Begriff ist **allerdings** nicht wissenschaftlich **exakt**. **Experten** fanden heraus, dass die **Fixsterne** nicht an der Himmelskugel **fixiert** sind, sondern dass man ihre **extrem langsame** Bewegung lange mit Stillstand **verwechselt** hat. Selbst in einem Zeitraum von 1 000 Jahren ist ihre Eigenbewegung nicht bemerkbar, da **Fixsterne** in unvorstellbarer Entfernung zur Erde **existieren**. Auch zu dem uns nächsten **Fixstern**, *Proxima Centauri*, wäre unsere schnellste Raumsonde **wenigstens** 70 000 Jahre **unterwegs**. Du **denkst** wahrscheinlich auch, dass es kein **Klacks** war, dieses in **Experimenten** und **schwierigsten** wissenschaftlichen Berechnungen herauszufinden. Einigen Forschern sind da bestimmt graue Haare **gewachsen**.

Unsere **Galaxie** besitzt rund 200 Milliarden solcher **Fixsterne**, die immer dieselben Figuren und Muster, unsere Sternbilder, bilden.

Auch die alten Ägypter, Babylonier und Griechen, die bereits **exzellente** Astronomen waren, beobachteten die Sternbilder **aufmerksam** und benannten ihre **wichtigsten** nach Göttern, Helden oder Tieren.

Das **auffälligste** und berühmteste aller Sternbilder ist der Große Wagen / der Große Bär, der am **Frühlingshimmel** senkrecht über uns steht. Natürlich ist er nur abends und nicht **tagsüber** zu sehen.

ks-Laut als chs geschrieben	verwechselt, gewachsen
ks-Laut als cks geschrieben	der Klacks
ks-Laut als ks geschrieben	du denkst, aufmerksam
ks-Laut als gs geschrieben	am häufigsten, allerdings, langsame, wenigstens, unterwegs, schwierigsten, wichtigsten, auffälligste, der Frühlingshimmel, tagsüber
ks-Laut als x geschrieben	die Fixsterne, exakt, die Experten, fixiert, extrem, existieren, Proxima, das Experiment, die Galaxie, exzellente

S. 36, Ü 16: Achse, Büchse, Eidechse, exakt, Examen, Exil, Existenz, exotisch, Export, Explosion, exquisit, Extra, extravagant, feixen, Gewächs, hinterrücks, Lexikon, links, Luxus, Praxis, schlaksig, schnurstracks, Text, verflixt

Zu der Seite 37

S. 37, Ü 17:

ks, gs oder cks?	Wortfamilienprobe	richtige Schreibweise
Du fän?t an.	anfangen	Du fängst an.
Du verste?t dich.	das Versteck, sich verstecken	Du versteckst dich.
der Farbkle?	kleckern, klecksen	der Farbklecks
allerdin?	das Ding, die Dinge	allerdings
am län?ten	lang	am längsten
die Ausstellun?-eröffnung	die Ausstellung	die Ausstellungs-eröffnung
mu?mäuschenstill	der Mucks	mucksmäuschenstill
unaufmer?am	merken	unaufmerksam
rin?herum	der Ring, die Ringe	ringsherum
nachmitta?	der Nachmittag	nachmittags

S. 37, Ü 18: **Kennst du die Sage, die sich um die Sternbilder des Großen und Kleinen Bären rankt?**

Der Göttervater Zeus hatte sich in die **extrem** hübsche Kallisto verliebt. **Allerding**s blieb diese Liebesgeschichte nicht ohne Folgen und Kallisto gebar einen Sohn namens Arkas. Arkas **wuchs** zu einem **schlaksigen** Jüngling heran, der sich dennoch zu einem **exzellenten** Jäger entwickelte. Als Hera, die **extravagante** Gattin des Zeus, von der Liebesgeschichte und **Existenz** Arkas erfuhr, **explodierte** sie innerlich. Ihr war klar, dass sie **wenigstens** eine kleine Genugtuung für die erlittene Schmach brauchte. **Feixend** verwandelte sie Kallisto **schnurstracks** in eine Bärin. Arkas liebte es, in den Wäldern **unterwegs** zu sein, **umherzukraxeln** und zu jagen. **Mucksmäuschenstill** war es dort, als er die Bärin erblickte und sogleich seinen Pfeil anlegte, um sie zu erschießen.
Er konnte ja nicht ahnen, welche **Verwechslung** ihm da beinahe passiert wäre. Zeus gelang es in letzter Sekunde, den Pfeil umzulenken. Wäre Zeus **unaufmerksam** gewesen, hätte Arkas seine eigene Mutter erschossen. „**Verflixt**", dachte Zeus. Um Kallisto in Zukunft besser zu schützen, verwandelte er Arkas **flugs** in einen jungen Bären. Dann versetzte er Mutter und Sohn als Großen und Kleinen Bären an den Himmel. Die hellsten Sterne des Großen Bären bilden übrigens den Großen Wagen.

Zu der Seite 38

Teste dein Wissen 2

S. 38, Ü 19: **Die äußeren Planeten: Mars, Jupiter und Saturn**

Der Mars
Mit einem **Sonnenabstand** von 228 Millionen Kilometern ist der Mars der Erste der äußeren Planeten. So eine Sonnenferne ist **beeindruckend** und doch ist sie die **geringste** der äußeren Planeten. **Aufgrund** seiner **Oberfläche**, die **viel** Eisenoxid **enthält**, erscheint der Mars rot **gefärbt**. So **entstand** auch sein Name: *Roter Planet*.
Da die **Drehachse** des Mars **etwas gekippt** auf seiner Umlaufbahn steht, **gibt** es dort Jahreszeiten. **Expertenteams** beobachteten **vereiste** Polkappen, die **während** des Sommers fast **wegtauen** und im Winter erneut **anwachsen**.
Obwohl es **vor** Jahrmilliarden große Flüsse gegeben haben muss, ergaben Bodenproben, dass auch der Mars **völlig leblos** ist. Er muss einst eine dichtere **Atmosphäre** gehabt haben. **Vielleicht gab** es damals einfache Lebensformen.

Der Jupiter
Seit der **Physiker** Galileo Galilei 1610 erstmals ein **Teleskop** zum Himmel richtete und die **vier** größten Jupitermonde **entdeckte**, **fasziniert** dieser Gasriese aus flüssigem **Wasserstoff** die Astronomen. Galileo Galilei, ein Wissenschaftler, der **außergewöhnlich** und **mutig** war, **lebte** von 1564–1642.
Es **existieren** noch weitere 59 Jupitermonde. Die **extremen** Ausmaße des Jupiters sind für uns **unvorstellbar**: Er ist 300-mal so groß wie unsere Erde und dreimal schwerer als alle anderen Planeten zusammengenommen. Die **Entfernung** von der Sonne, die **ungeheuerlich** ist (778 Millionen Kilometer **Sonnenabstand**), ist auch der **Grund** dafür, dass bei seiner **Entstehung** die leichten Gase nicht **weggedampft** sind.

Der Saturn
Saturn, der zweitgrößte **Planet** der **unendlichen Galaxie**, ist ebenfalls ein gigantischer Gasriese. **Allerdings** hat er **vermutlich** einen festen Gesteinskern. Das **Auffälligste** ist sein **Ringsystem**, das, bis 100 000 Kilometer **weit** in den **Weltraum reichend**, aus Milliarden und Abermilliarden von Eis- und feinsten **Staubteilchen** sowie Gesteinsbrocken besteht. Die Größe dieser Brocken ist sehr **unterschiedlich**: Sie reicht von Eiskristallen, die **extrem winzig** sind, bis zur Größe eines Tennisballs. **Aufsehenerregend** war der **Vorbeiflug** der amerikanischen Raumsonden *Voyager 1* (1980) und *Voyager 2* (1981): **Fotografien zeigten,** dass das **Ringsystem** insgesamt etwa 1000 **unterscheidbare** Einzelringe umfasst. **Obwohl** der Durchmesser dieses **Ringsystems gewaltig** ist, ist es mit einem Kilometer Dicke **erstaunlich** dünn.
Drei Ringe sind von der Erde aus **deutlich** erkennbar. Saturn hat **wenigstens** 46 Monde, Titan ist sein größter.

Konsonanten nach kurz ausgesprochenen, betonten Vokalen

S. 42, Ü 1:   **fußball mit ballfuß**

pfiff

anpfiff

und spitz stößt an

innenrist stoppt

flankt aus dem stand

flankt zu absatz

und absatz spreizt, passt

und passt zu kappe

kappe weiter zu lasche

lasche hält die sohle drauf

und kickt zurück

zurück zu stollen

stollen vertändelt

verzögert, stolpert

schnürsenkel fährt dazwischen

außenriss steigt in die luft

volley zieht ab

und stiefel – stiefel – pfiffe

hängt hilflos zwischen den pfosten

S. 43, Ü 2:   **Fußball mit Ballfuß**

Pfiff
Anpfiff
und Spitz stößt an
Innenrist stoppt
flankt aus dem Stand
flankt zu Absatz
und Absatz spreizt, passt
und passt zu Kappe
Kappe weiter zu Lasche

Lasche hält die Sohle drauf
und kickt zurück
zurück zu Stollen
Stollen vertändelt
verzögert, stolpert
Schnürsenkel fährt dazwischen
Außenriss steigt in die Luft
Volley zieht ab
und Stiefel – Stiefel – Pfiffe
hängt hilflos zwischen den Pfosten

S. 43, Ü 3: **El Gato: Der beste Torwart der Welt**

alle, fußballverrückt, besessen, Fußball, versammelten, alle, voll, Mannschaften, konnte, konnten, tolle, Ball, Spann, Rennen, Fallrückzieher, konnte, wenn, passierte, besoffene, hatte, dünne, nannten, verblüfft, Sinn, gekommen, Schüsse, reinzuhämmern

S. 44, Ü 4: **Beispiele:**

- die Hoffnung, du hoffst, er hofft, hoffentlich, hoffnungsvoll, der Hoffnungsschimmer
- der Ball, das Ballspiel, der Fußball, der Handball, der Ballbesitz, das Ballgefühl, ballsicher, der Ballwechsel
- schwimmen, du schwimmst, verschwommen, das Schwimmbad, das Schwimmbecken, die Schwimmerin, der Schwimmanzug, die Schwimmflossen
- die Stimme, stimmlos, stimmhaft, der Stimmbruch, die Stimmlage, vierstimmig
- rennen, der Rennwagen, das Rennrad, die Rennfahrer, die Rennbahn
- paddeln, das Paddel, der Paddler, das Paddelboot, lospaddeln

S. 45, Ü 5: die Mütze, platzen, witzig, blitzen, nutzen, die Hitze, der Spatz, der Fetzen, die Katze, plötzlich, der Schutz, der Satz, trotzig, schnitzen, kitzeln, hetzen, setzen

S. 45, Ü 6:
- der Schütze, die Mütze, die Stütze
- der Nutzen, putzen, stutzen
- der Fetzen, setzen, wetzen, hetzen, petzen, vernetzen

S. 45, Ü 7: **Der Jaguar**

zockelte, gefleckten, glücklicherweise, lockerem, Blick, zuckten, entdeckte, gelockt, (etwas) Schreckliches, geduckt, gedrückt, Hinterbacken, ruckartigen, schluckte, blickte, ausdruckslos, zuckend, streckte, packte, abdrückte, packte

Zu der Seite 46

S. 46, Ü 8:

P	I	Z	Z	A	B	D	K	S	K	I	Z	Z	E	L
A	K	K	L	I	M	A	T	I	S	I	E	R	E	N
M	P	M	N	O	P	T	R	A	Z	Z	U	M	E	V
E	A	I	A	B	C	U	A	D	A	K	K	U	E	F
Z	M	R	K	L	M	N	Z	O	M	O	B	A	J	K
Z	A	F	K	K	P	Q	Z	Z	N	U	R	B	A	H
O	K	G	O	Z	O	Z	I	D	L	L	O	D	Z	A
S	K	T	R	A	U	L	A	B	O	E	K	K	Z	K
O	A	P	D	K	L	M	O	N	Z	P	K	M	M	K
P	R	S	A	K	K	O	B	F	Z	Q	O	Z	U	U
R	O	T	R	W	K	K	I	O	L	R	L	Z	S	S
A	N	A	B	K	K	I	E	R	E	Ö	I	I	I	A
N	I	Z	E	Z	A	K	K	U	R	A	T	E	K	T
A	M	T	I	S	S	L	N	M	K	V	W	E	Q	I
H	F	G	T	T	A	K	K	O	R	D	E	O	N	V

- Als **Mezzosopran** wird eine Frauenstimmlage bezeichnet, die zwischen Alt und Sopran liegt.
- Ein **Puzzle** ist ein Spiel, bei dem versucht wird, die einzelnen Puzzleteile wieder zu einem Ganzen zusammenzusetzen.
- **Pizza** ist ein Hefegebäck, das unter anderem mit Käse und Tomaten belegt und anschließend gebacken wird.
- Eine **Skizze** ist ein Entwurf oder auch ein erster Überblick.
- **Razzia** ist die Bezeichnung für eine überraschende, groß angelegte Durchsuchungsaktion der Polizei in einem Gebäude oder Gebiet.
- **Jazzmusik** ist eine Musikrichtung, die um 1900 in den USA entstanden ist und überwiegend von Afro-Amerikanern entwickelt wurde.
- Der **Akkusativ** ist ein grammatischer Fall. Er wird auch als sogenannter Wenfall bezeichnet, da man nach dem Akkusativ mit „Wen oder was...?" fragt.
- **Makkaroni** sind röhrenförmige Nudeln aus Hartweizenmehl.
- Das **Akkordeon** ist ein Handzuginstrument, bei dem der Ton durch frei schwingende, durchschlagende Zungen erzeugt wird.
- Wenn der Lohn in einem Arbeitsverhältnis nach dem erzielten Arbeitsergebnis bemessen wird, spricht man von **Akkordarbeit**.
- Ein **Sakko** ist ein Herrenjacket.
- **Akkurat** bedeutet sorgfältig, ordentlich und genau.
- Ein **Akku** ist ein Speicher für elektrische Energie.
- Die **Pikkoloflöte** ist eine kleine, eine Oktave höher gestimmte Querflöte.
- **Brokkoli** ist eine Gemüsepflanze, die eng verwandt mit dem Blumenkohl ist.

• **Akklimatisieren** bedeutet, sich an veränderte Bedingungen anzupassen.

S. 47, Ü 9: **Beispiele:**

der Schmuck, dreckig, der Blick, wecken, schmücken, der Brocken, zurück, die Schnecke, drucken, flicken, der Wecker, gucken, der Flecken, die Decke, stickig, glücklich, entwickeln, drückend, die Hacken, die Macke, der Dackel, die Socke, hocken, locken, stricken, wackeln

S. 47, Ü 10:
der Mantel
der November
das Internet
der Balkon
singen
das Gold
testen
wolkig
die Hand
der Schrank
schenken
lustig
das Konzert
der Computer

S. 48, Ü 11: **Der Keeper**

er**star**rte, stand, Rückseite, Fußballtor, Pfosten, Latte, Netz, ganzes, streckte, Hände, Netz, fest, Alters, vollkommen, stand, Rücken, allein, zwang, hatte, Strickpulli, Wald, lange, Baumwolle, altmodische, Schlägermütze, Schild, linken, Backsteinmuster, standen, zitterte, Blatt, Angst, Platz

Lang ausgesprochene, betonte Vokale

S. 52, Ü 1: **Zum ersten Mal verliebt**

„Alex, sei nicht so schüchtern", sagte meine Urgroßtante Amalia manchmal zu mir. Und sie hatte recht: Ich war schüchtern und hätte niemals ein Mädchen bei uns angesprochen. Schon gar nicht Aisha. Aber eigentlich finde ich, dass man als 15-Jähriger nicht mehr so schüchtern sein sollte. Trotzdem, ich konnte nicht einfach zu Aisha gehen und sagen: „Du siehst super aus. Ich würde dich gerne kennenlernen." So etwas kann ich nicht.
Wenn man jemanden wirklich toll findet, dann geht das irgendwie nicht. Jedenfalls nicht bei mir. Also sprach ich Aisha nicht an, sondern betrach-

tete sie einfach von Weitem. Das ging in den letzten zwei Jahren eigentlich ganz gut. In diesem Schuljahr wurde alles anders. Die Sommerferien lagen recht früh und die Schule begann noch mitten im Sommer. (...) Und dann ging Aisha an mir vorbei und ich wurde vom Blitz getroffen. Bumm. Ich weiß auch nicht, wie ich das sonst beschreiben sollte ...

S. 53, Ü 2:

Wörter mit einem hl	Wörter mit einem hr	Wörter mit einem hm	Wörter mit einem hn
die Höhle, die Gefühle, kühl, erzählen, der Stuhl, herumwühlen, die Sonnenstrahlen, stehlen, der Fehler, wohlig, empfehlen, prahlen	mehr, sehr, die Wahrheit, ungefähr, wahrscheinlich, die Gefahr, der Lehrer, das Fahrrad, berühren, rühren, die Möhre, die Fähre, das Jahr, während	berühmt, vornehm, nehmen, nachahmen, der Ruhm, die Lähmung, zähmen, der Lehm, die Aufnahme	ohne, verwöhnen, die Wohnung, ähnlich, die Sahne, die Ablehnung, ermahnen, die Sehnsucht, die Belohnung, verhöhnen, die Bühne, die Bohne, kühn, wahnsinnig, ohnmächtig

S. 55, Ü 3:
- sonderbar, dankbar, furchtbar, essbar, unvorstellbar, tragbar, undenkbar, verwertbar, haltbar
- einsam, gewaltsam, furchtsam, mühsam, wachsam, strebsam, unterhaltsam
- Reichtum, Wachstum, Brauchtum
- Schicksal, Mühsal, Trübsal, Rinnsal
- uralt, beurteilen, Uropa, Ureinwohner, Urenkel, urgemütlich, Urgroßeltern, Urknall, urkomisch
- Urheber, Urkunde, Urlaub, Ursache, Ursprung, urplötzlich

S. 55, Ü 4:
- Wörter mit sch/Sch: schwer, die Schule, die Schnur, scharenweise
- Wörter mit qu/Qu: die Qualität, die Qualifikation, querlesen, querfeldein, bequem, überqueren, das Querformat
- Wörter mit t/T: die Tür, das Tor, die Töne, der Tunfisch, die Träne, das Tal

Zu den Seiten 55–56

Q	U	A	L	I	F	I	K	A	T	I	O	N	U	T
U	U	Ü	B	E	R	Q	U	E	R	E	N	P	N	Ü
E	A	E	D	R	S	S	C	H	U	L	E	C	O	R
R	Q	M	R	U	E	C	H	T	M	A	V	H	B	E
L	U	N	A	F	S	H	H	S	M	S	A	S	E	N
E	A	E	L	E	O	A	E	A	C	C	C	E	Q	D
S	L	I	S	N	N	R	L	N	M	H	T	N	U	U
E	I	S	T	C	U	E	M	R	M	N	O	E	E	T
N	T	T	E	I	H	N	Ö	A	I	U	L	N	M	U
M	Ä	R	E	N	R	W	L	B	T	R	Y	G	O	N
L	T	A	T	O	R	E	E	A	E	U	T	L	F	F
G	I	F	R	Ö	I	I	N	R	T	P	K	O	F	I
O	N	G	Ä	S	N	S	T	T	E	A	A	M	R	S
R	U	T	N	E	A	E	E	I	R	Z	L	M	O	C
T	Q	U	E	R	F	E	L	D	E	I	N	E	L	H

S. 56, Ü 5: Bär, bevor, Blume, die Dame, dämlich, einmal, einsam, Flur, geboren, getan, grün, her, holen, Honig, hören, jemand, klar, komisch, König, Krone, malen, Name, nämlich, nur, Öl, Person, Plan, Problem, sparen, spülen, spüren, stören, Strom, tun, Ware, wenig, wer

S. 56, Ü 6: **Eine heimliche Liebe**

Als der 15-**jährige** Alex Aisha zum ersten Mal sieht, verliebt er sich in die **schöne** Türkin. Hätte er damals **schon** gewusst, wie schwierig so eine Liebe zwischen zwei Kulturen sein kann, wer weiß, ob er Aisha ins Kino eingeladen hätte. Aisha **lehnt** die Einladung jedoch ab und **erzählt** Alex, dass ihre Eltern strenge Moslems seien, für die es **undenkbar** sei, dass ihre Tochter mit einem Jungen ausgehe. Für Alex ist es **nur schwer vorstellbar**, dass Religion so **bedeutsam** sein kann. Es kann doch nicht **verkehrt** sein, dass man **jemanden sehr** mag.
Niemand darf **erfahren**, dass die beiden sich nun heimlich treffen. Eine **Ausnahme** sind da nur Leila, Aishas beste Freundin, und Mehti, Alex' bester Freund. Auf die beiden können sie felsenfest **zählen**. **Obwohl** Alex und Aisha wissen, dass ihre Treffen nicht **ungefährlich** sind und sie deswegen extrem **wachsam** sind, fliegt ihre Geschichte auf. Aisha wird unter Dauerbewachung gestellt. Wie ihre Freundin Leila muss sie nun ein Kopftuch tragen und darf außerhalb der **Wohnung** keinen Schritt **mehr** allein **tun**. Gegen die Autorität ihres Vaters kann sie sich nicht **wehren:** Sie **fühlt nur ohnmächtige** Wut. Wie **gelähmt** gehorcht sie den **Befehlen** ihren Vaters. Sie **spürt** den **zunehmenden** Ernst ihrer Lage, da ihr Vater bereits seinen Bruder in der Türkei kontaktiert hat. Alex hat **wahnsinnige** Angst um Aisha und weiß, dass er **ohne** sie nicht

Zu den Seiten 58–60

mehr leben möchte. In seinen **dröhnenden** Kopf brennt sich der Gedanke ein, einfach mit Aisha abzuhauen ...

S. 58, Ü 7: **Ein *Happy End* für Alex und Aisha**

Die **sorgsam geplante** Flucht, die die beiden nach Thionville, zu Alex' Urgroßtante Amalia **führt**, endet jäh mit einer **Großfahndung** der Polizei. Aishas Eltern, für die diese Flucht eine **Entehrung** der Familie bedeutet, haben Alex der **Entführung** bezichtigt. Wieder zu Hause spitzt sich die Lage dramatisch zu.

Alex **fühlt** eine **seltsame** Bedrohung, als Aisha nach der **Schule** von ihrer Mutter, die sie **tränenüberströmt** umarmt, **abgeholt** wird. Irgendwie liegt etwas **Furchtbares** in der Luft. Als Mehti und Alex vor dem Hochhaus, in dem Aisha **wohnt**, ankommen, **hören** sie laute Schreie. Sie folgen den Schreien und sehen eine gefesselte Aisha, die mit einem Messer an der **Kehle** bedroht wird.

Es gelingt ihnen, Aisha unverletzt zu befreien. Der durch einen **kühnen** Schlag Mehtis **ohnmächtig** gewordene Mann wird kurz darauf von der Polizei **verhört**. Man **erfährt**, dass er ein Cousin zweiten Grades von Aishas Vater ist, der – ihr **ahnt** es **wahrscheinlich** bereits – Aisha umbringen sollte, um die **Familienehre** zu **bewahren**. Aishas Vater wird verhaftet und Alex und Aisha dürfen **nun** endlich ein Paar sein.

S. 59, Ü 8: ausbooten, die Moorleiche, das Meerschweinchen, moosgrün, waagerecht, haargenau, die Himbeere, die Leertaste, das Kleeblatt, haarsträubend, aalglatt

S. 60, Ü 9: **Die Familie Djemaï**

Seit acht Jahren lebt **die vierzehnjährige** Aïcha mit **ihrer** Familie in Sponge, in der Nähe der französischen Stadt Dijon. Für **ihre** Mutter Zohra, **die ihr** Geld als Hausmeisterin an einer Schule **verdient**, ist Frankreich ein **Paradies**. **Sie liebt die** französische Sprache und Kultur **wie** auch das milde **Klima**. Nach Algerien, aus dem **sie** mit **ihren** beiden Kindern **fliehen** musste, möchte **sie niemals wieder** zurück. Aïchas Vater Kemal, der eigentlich ein **prima** Kerl ist, **spielt** im Familienleben keine große Rolle: Nach der anstrengenden Schichtarbeit in einer Fabrik **genießt** er seine Ruhe und kümmert sich nur wenig um die **Erziehung** seiner Kinder. **Schießlich gibt** es noch den **ziemlich schwierigen** Bruder Mouloud. Der **Siebzehnjährige** ist schulunfähig und lebt in seiner eigenen Welt. Mal ist er der **niedliche** Hund Struppi, mal der **siegesgewiss** dreinblickende Oliver Kahn oder auch der **verliebte** Ehemann eines **zierlichen** Models, dessen Bild er aus einem Katalog ausgeschnitten hat.

Da Aïcha unter epileptischen Anfällen leidet, ist auch **sie** vom Schulbesuch befreit.

Aïcha kümmert sich **liebevoll** um ihren Bruder, der natürlich überall aneckt. **Verliert sie die** Geduld mit Mouloud, so bekommt **dieser** eine

Riesenkrise und wird richtig **fies**. Außerdem vertritt Aïcha **die** Mutter in **ihrer** Hausmeisterloge und öffnet **neugierig die** Post. **Sie liest viele** Ausländerfeindlichkeiten, **die** sich auch gegen **ihre** eigene Familie richten und hat nur ein **Ziel** vor Augen. **Sie** will es allen zeigen und mit **ihren vierzehn** Jahren zu den jüngsten Abiturientinnen Frankreichs gehören. Aïcha erreicht **dieses Ziel** mit zwei weiteren hochbegabten Jugendlichen.

S. 62, Ü 10:

Verben	Nomen/Substantive
experimentieren	das Experiment
multiplizieren	die Multiplikation
analysieren	die Analyse
interessieren	das Interesse
reagieren	die Reaktion
korrigieren	die Korrektur
operieren	die Operation
zensieren	die Zensur
programmieren	das Programm
nummerieren	die Nummer
definieren	die Definition
installieren	die Installation
transformieren	die Transformation
philosophieren	die Philosophie
interpretieren	die Interpretation
trainieren	das Training

S. 62, Ü 11: **in-Wortblume:** der Delfin, die Disziplin, die Gardine, die Kantine, das Kerosin, die Margarine, die Maschine, die Praline, die Rosine, der Rubin, die Violine

S. 63, Ü 12: **il-Wortblume:** stabil, zivil, fragil, taktil, mobil, senil, agil
iv-Wortblume: kreativ, impulsiv, naiv, aggressiv, positiv, negativ, primitiv, explosiv, exklusiv, massiv

S. 63, Ü 13: das Substantiv, das Genie, die Disziplin, das Quartier, das Kerosin, der Dativ, die Lawine, die Biologie, die Sympathie, die Initiative, die Ironie, die Melodie, das Papier, der Passagier, die Maschine, das Klavier, das

Zu den Seiten 64–66

Ventil, die Perspektive, das Objektiv, das Motiv, der Termin, die Turbine, das Turnier

S. 64, Ü 14: **Die Geschichte der Zohra Djemaï**

Als jüngste von sechs Geschwistern wächst Zohra in Aïn Menara, einem kleinen Dorf in Algerien auf. Hier ist die Arbeitslosigkeit so massiv, dass Perspektivlosigkeit das Leben regiert. Deswegen verließen auch Zohras Geschwister Algerien und ließen sich in Frankreich und Kanada nieder. Zohra absolviert ihr Abitur. Sie arbeitet motiviert, konzentriert und diszipliniert, da es ihr Ziel ist, zu studieren und Französischlehrerin zu werden. Aïn Menara wird immer instabiler und gerät unter die Kontrolle religiöser Fundamentalisten. Dies sind Männer, die krank in ihrem Glauben sind, und den Koran nach ihren Wünschen interpretieren und instrumentalisieren. Sie definieren nunmehr, was richtig und falsch ist, verbieten das Kino und setzen alles Europäische mit dem Bösen gleich. Sie klagen Herrn Djemaï an, Allah nicht zu respektieren und terrorisieren ihn so sehr, dass Zohra nicht studiert. Sie wird mit Karim, der seit fünf Jahren in Frankreich lebt, verheiratet. Da es kompliziert geworden ist, Algerien zu verlassen, lebt Zohra wie eine Gefangene im Haus ihrer Schwiegereltern. Zuerst wird Mouloud, drei Jahre später Aïsha geboren. In Aïn Menara grassiert die Angst und niemand wagt es, gegen die Fundamentalisten zu protestieren. Die Fundamentalisten werden immer aggressiver, überall explodieren Bomben. Schließlich wird ein Bombenattentat auf die Schule Aïn Menaras verübt, bei dem sieben Kinder sterben. Mouloud, der diese Explosion überlebt, schreit tagelang und wird verrückt. Ohne Geld und Papiere beschließt Zohra, mit ihren beiden Kindern zu fliehen. Sie kämpfen sich durch nach Tunesien, werden auf einem Fischerboot nach Italien eingeschleust und erreichen versteckt in einem Lastwagen Frankreich. Frankreich wird ihr Paradies.

Teste dein Wissen 4

S. 66, Ü 1: **Der Traum vom Fußball**

Der afrikanische Dorfjunge Rahmane und sein Freund Tigani sind vom Fußball begeistert und **sehr gute Spieler**: Sie haben **viel Ballgefühl**, stets eine **Spielstrategie** vor Augen und **taktieren raffiniert**, **ohne** dabei **jemals aggressiv** zu sein. Beide sind **Ausnahmetalente**. Trainieren ist jedoch **nur** abends möglich, da sie hart arbeiten müssen, um das **Überleben ihrer** Familien zu sichern. **Fußballspielen** ist für sie eine Flucht aus einem **schweren, mühsamen** Alltag, den Krankheit, **Armut** und Mangel **dominieren**. Beim **Fußballspielen** wird **improvisiert**: Es gibt nämlich kein wirkliches **Spielfeld**, keine **Tore**, keine richtigen Schuhe, nicht **einmal** einen richtigen Ball. **Hier** muss man als **Fußballspieler** wirklich **kreativ** sein. Da sich echte Begabungen aber überall **herauskristallisie-**

Zu den Seiten 70–71

ren, **interessiert** sich **schon** bald ein Talentscout für die beiden Freunde. **Dieser** nimmt sie zur Ausbildung als Profifußballer mit in die Stadt. Für Tigani wird der **Wahnsinnsdrill** beim Training jedoch zum **Problem**. Er gerät auf die **schiefe Bahn** und **kehrt** traurig und ein **wenig frustriert** in sein Dorf zurück. Rahmane hingegen wird für ein Trainingslager in den **Niederlanden ausgewählt**. In der Fremde **fühlt** er sich zunächst **einsam**, aber Dank der **Fürsorge** seiner Gasteltern **arrangiert** er sich **allmählich** mit den neuen **Gewohnheiten**. Er **spürt wohl**, dass **ihn** der **Weg** aus seinem Heimatdorf **herausführen** wird ...

Die s-Laute

S. 70, Ü 1:

stimmloser s-Laut	stimmhafter s-Laut
Tauchens, meisten, geheimnisvolle, genießt, es, schwerelos, das, Wasser, bereits, es, ersten, zunächst, des, Tauchens, es, Hilfsmittel, beispielsweise, Pressluftflaschen, mussten, eines, Luftvorrats, Wasser, ins, Wasser, sodass, Wasserdruck, zusammengepresst, bis, außerdem, verlassen, Pressluft, befestigt, ersten, Unterwasser, großes, Maß, Gasgemischen, bis	tausend, suchten, sie, versunkener, dieser, Phase, beispielsweise, so, so, suchten, dieses, sie, dieser, Luftblase, Sauerstoff, Franzosen, diesen, sich, sich, rasant

S. 71, Ü 2: **Beispiele:**

stimmloser s-Laut
Wiese, niesen, Vase, Bluse, leise, reisen, Rose, losen, Besen, riesig

stimmhafter s-Laut
Knospe, Fluss, Fuß, draußen, essen, Gras, Glas, süß, küssen, Kiste

S. 71, Ü 3:

stimmhafter s-Laut	stimmloser s-Laut		
geschrieben: s	geschrieben: s	geschrieben: ss	geschrieben: ß
tausend, suchten, sie versunkener, dieser, Phase,	Tauchens, meisten, geheimnisvolle, es, schwerelos, das,	Wasser, beispielsweise, Pressluftflaschen, mussten,	genießt, außerdem, großes, Maß (Fuß, draußen, süß)

Zu den Seiten 72–73

beispielsweise, so, so, suchten, dieses, sie, dieser Luftblase, Sauerstoff, Franzosen, diesen, sich, sich, rasant (Wiese, niesen, Vase, Bluse, leise, reisen, Rose, losen, Besen, riesig)	bereits, es, ersten, zunächst, des Tauchens, es, Hilfsmittel, eines, Luftvorrats, ins, bis, befestigt, ersten, Gasgemisch, bis (Knospe, Gras, Glas, Kiste)	Wasser, Wasser, sodass, Wasserdruck, zusammengepresst, verlassen, Pressluft, Unterwasser (Fluss, essen, küssen)	

S. 72, Ü 4: **Beispiele:**

Flausen, sausen, brausen
Bläser, Gläser, Gräser
Insel, Gerinsel, Pinsel
lesen, Besen, Wesen, genesen
niesen, Riesen, Wiesen

S. 72, Ü 5: **Beispiele:**

sie reist, verreisen, die Reise, das Reisebüro, die Fernreise, abreisen
der Preis, die Preise, anpreisen, lobpreisen
er liest, der Leser, die Leseratte, das Lesebuch, auslesen, verlesen
das Los, die Lose, losen, das Losungswort
das Glas, die Gläser
die Maus, die Mäuse, mausen
er verspeist, speisen, Speisewagen
die Gans, die Gänse, die Gänseleber
das Eis, eisig
das Gleis, die Gleise
der Puls, pulsieren
der Kreis, die Kreise, kreisen
erbost, böse
der Kies, der Kieselstein

S. 73, Ü 6: die Str[a]ße
gr[ü]ßen
die R[o]se
die Fl[u]se
l[ei]se

Zu den Seiten 73–76

dr(au)ßen
der Blumenstr(au)ß
die F(ü)ße
die Bl(u)se
l(e)sen
die V(a)se
r(a)sen
der Sp(a)ß
die S(ü)ßigkeiten
die W(ie)se
der K(ie)sel

Sätze: individuelle Lösung

S. 73, Ü 7: **Apnoetaucher**

diese, Hebesacks, stoßen, außergewöhnliche, normalerweise, Außendruck, dermaßen, Minimalgröße, versorgt, intensives, vergrößern, versorgt, fließt, Gliedmaßen, Gefäße, vergrößern, äußerst, risikoreich, Rekordversuch, grenzlose, Risiken

S. 75, Ü 8: **Extremtaucher Schnabelwale**

wussten, Meereswissenschaftler, Wasseroberfläche, lassen, interessante, Erkenntnisse, Messgeräte, bessere, Lieblingsessen, fressen, Massenstrandungen, gestresst, beeinflusst, Schallmesstechnik, vermessen, verlassen, Wasseroberfläche, Mineralwasserflasche, massiv

S. 76, Ü 9: missfallen, misstrauisch, missmutig, Missgeschick, Misserfolg, missgönnen, missbilligen, missachten, missglücken, Missgunst

S. 76, Ü 10:

P	I	K	S	S	M	N	O	S	Ü	S	S
S	S	L	A	B	C	A	F	D	E	F	F
F	G	A	H	I	J	S	S	L	U	M	W
U	Z	S	G	R	O	S	S	D	U	M	I
S	I	S	S	A	F	G	P	F	N	S	S
S	R	E	Z	G	R	U	S	S	M	K	S
B	P	F	K	I	S	S	E	N	H	G	E
A	A	M	D	W	A	S	S	E	R	N	
L	S	D	S	S	O	P	J	K	L	F	A
L	S	L	U	S	D	F	G	L	Ü	M	S
T	R	A	S	D	R	A	U	S	S	E	N
S	T	R	A	S	S	E	K	B	I	F	T

27

Zu den Seiten 77–79

waagerecht: süß, groß, der Gruß, das Kissen, das Wasser, draußen, die Straße
senkrecht: der Fußball, der Pass, die Klasse, nass, das Wissen
diagonal: der Spaß, der Fluss

S. 77, Ü 11: **sp-Stern:**
Knospe, raspeln, knusprig, lispeln, Wespe, räuspern

st-Stern:
Gast, Rast, Küste, Fest, lustig, Angst, frostig, tasten, testen, finster

sk-Stern:
Maske, Muskel, Maskenball, maskieren, maskulin, Maskottchen, Moskito, muskulös

S. 78, Ü 12: **Beispiele:**
fließen, der Fluss, das Floß, floss
der Schuss, schießen, das Schießeisen, das Schießpulver, der Schusswechsel, schussfest, geschossen
gießen, die Gießkanne, die Gießerei, die Gießform, gegossen
der Riss, reißfest, rissig, gerissen, der Reißverschluss, reißen, die Reißleine
beißen, die Bisswunde, gebissen, bissig, die Bissverletzung, die Beißzange, der Beißring
vergessen, die Vergesslichkeit, vergesslich, vergaß

S. 78, Ü 13: das Zeugnis, das Ärgernis, das Gefängnis, die Wildnis, das Hindernis, das Geheimnis, das Erlebnis, das Missverständnis, das Ereignis, das Bekenntnis, das Wagnis, das Verständnis, das Verhältnis, das Zerwürfnis, die Kenntnis, die Ersparnis, das Ergebnis, das Begräbnis

S. 79, Ü 14: das Ärgernis, die Ärgernisse
das Begräbnis, die Begräbnisse
das Bekenntnis, die Bekenntnisse
das Ereignis, die Ereignisse
das Ergebnis, die Ergebnisse
das Erlebnis, die Erlebnisse
die Ersparnis, die Ersparnisse
das Gefängnis, die Gefängnisse
das Geheimnis, die Geheimnisse
das Hindernis, die Hindernisse
die Kenntnis, die Kenntnisse
das Missverständnis, die Missverständnisse
das Verhältnis, die Verhältnisse
das Verständnis
das Wagnis
die Wildnis
das Zerwürfnis, die Zerwürfnisse
das Zeugnis, die Zeugnisse

Zu den Seiten 79–84

S. 79, Ü 15: **Das Duell**

- Das Duell, **das** die weltbekannten Extremtaucher Pipin Ferreras und Umberto Pellizari über Jahre hinweg ausgetragen haben, ist im Sommer 2006 in dem Dokumentarfilm „Ocean Men" nachgezeichnet worden.
- Der Film zeigt eindrucksvoll, **dass** die beiden Männer die ungeheure Liebe zum Wasser verbindet und zugleich trennt.
- Beide sagen von sich selbst, **dass das** Wasser **das** wichtigste Element für sie sei.
- Sie fühlten sich wie ein Wasserwesen, **das** im Ozean zu Hause ist.
- Das Freitauchen, **das** Pippin Ferras seit 1987 professionell betreibt, hat er schon als Kind geliebt.
- Er begann früh mit dem Speerfischen und erkannte dabei, **dass** die größten Fische am tiefsten schwimmen.
- **Das** machte er ihnen nach. Von 1987–1990 war er der beste Apnoetaucher der Welt.
- Umberto Pellizari hingegen hatte als kleiner Junge so viel Angst vor dem Wasser, **dass** selbst das Duschen für ihn ein Schrecken war.
- Nachdem seine Mutter mit ihm in ein Schwimmbad gegangen war, begeisterte er sich plötzlich für **das** Tauchen.
- Das Atemanhalten, **das** er während der Schulstunden so intensiv übte, **dass** er beinah bewusstlos wurde und seine Lehrer in Panik versetzte, faszinierte ihn.
- **Das** Üben hat sich gelohnt. Es heißt, **dass** Pellizari neun Minuten die Luft anhalten kann.
- **Das** kann man sich kaum vorstellen.
- 1990 tauchte er drei Meter tiefer als der amtierende Weltmeister Pipin Ferreras: **Das** Duell begann.
- Von 1990 bis 2002 waren die beiden Apnoetaucher so große Konkurrenten, **dass** sie kein Wort miteinander sprachen.
- Sie vermieden es sogar, **dass** sie zur gleichen Zeit am gleichen Ort waren.
- **Das** lange Schweigen beendeten die beiden, als Pipin Ferreras einen schweren Schicksalsschlag verkraften musste: 2002 starb seine Frau Audrey – ebenfalls Extremtaucherin – bei einem Rekordversuch.
- Sie hat sich immer gewünscht, **dass** ihr Mann und Umberto ihre Rivalität aufgeben, sich aussöhnen und wieder miteinander sprechen.

Groß- und Kleinschreibung

S. 84, Ü 1: **Die Familie Ramon Santiagos**

Der vierzehnjährige RAMON SANTIAGO, SOHN puertoricanischer EINWANDERER, lebt mit *seinen* ELTERN in *einem* ärmlichen STADTTEIL NEW YORKS.

Zu der Seite 86

ARBEITSLOSIGKEIT, ARMUT und KRIMINALITÄT prägen hier *das* LEBEN vorwiegend farbiger EINWANDERER.

Im MOMENT schlägt sich RAMON jedoch allein *durchs* LEBEN, da *seine* MUTTER *im* KRANKENHAUS liegt und *sein* VATER *im* GEFÄNGNIS sitzt.

RAMONS MUTTER, die früher *das* ganze HAUS mit *ihrem* fröhlichen GESANG erfüllte, hätte SÄNGERIN in *einer* BAND werden sollen. Das ist jedenfalls *die* MEINUNG *der* NACHBARIN, MRS. GARCIA, die *ihren* GESANG vermisst. Jetzt liegt RAMONS MUTTER deprimiert und voller HEIMWEH nach PUERTO RICO *im* WESTSIDE HOSPITAL. Aufgrund *ihrer* APPETITLOSIGKEIT ernähren *die* ÄRZTE sie künstlich.

Sprechen will sie auch nicht mehr. RAMON kommt *ihr* KRANKENZIMMER wie *der* große FISCHBEHÄLTER in *einer* TIERHANDLUNG *seines* VIERTELS vor: Denn *der* TROPF im ARM *seiner* MUTTER erinnert ihn an *das* blubbernde RÖHRCHEN *im* FISCHBEHÄLTER. KRANKHEIT und MUTLOSIGKEIT *seiner* MUTTER machen RAMON sehr traurig. RAMONS VATER hat auf *einer* DEMONSTRATION *zur* UNABHÄNGIGKEIT *seines* LANDES *ein* PLAKAT gegen *einen* POLIZISTEN geschleudert. Für *diese* BEDROHUNG *des* POLIZEIBEAMTEN sitzt er nun *eine* dreijährige GEFÄNGNISSTRAFE ab. Jetzt ist er schon seit *einem* JAHR weg.

S. 86, Ü 2:
- Ramon Santiago hat sein kleines Notizbuch immer dabei, da ihm (das) **Aufschreiben** seiner Gedanken hilft, wenn es ihm nicht gut geht.
- Niemand weiß, dass er schreibt: (Das) **Verstecken** seines Notizbuches ist notwendig, da Ramons Vater sagt, dass nur Weichlinge schrieben.
- Auch sein Messer hat Ramon immer dabei. (Das) stundenlange **Üben** mit dem Messer ist nötig, wenn man klein und dünn ist und in New York lebt.
- Ramons Vater möchte, dass sein Sohn ein Macho wird. (Das) **Verhalten** als Macho gilt als besonders männlich unter manchen Spaniern.
- (Ein) perfektes **Beherrschen** des Klappmessers ist für ihn ein wichtiger Schritt auf dem Weg seines Sohnes zum Macho.
- Ramons Mutter verabscheut das Messer: (Das) **Herausschnappen** der 15 cm langen und scharfen Klinge macht ihr Angst.

S. 86, Ü 3:
- Harpo, der von allen respektierte Bandenchef, sagt: „(Mein) genaues **Planen** und überlegtes **Handeln** sichert euren Lebensunterhalt."
- Ramon sieht so klapprig wie eine Marionette aus. (Sein) **Aussehen** bewirkt, dass man ihn unterschätzt.
- Angel, der auch Rattenengel genannt wird, hat einer Ratte den Kopf abgeschnitten. Ramon mag ihn nicht, weil er (dieses) **Quälen** von Tieren abstoßend findet.
- Der Belämmerte Luis arbeitet als Lebensmittelkurier und erfährt so, ob seine Kunden reich oder arm sind. (Sein) **Ausspionieren** der Kunden sichert ihm einen Anteil an der Beute.

Zu den Seiten 87–88

S. 87, Ü 4:
- (Zum) **Erstaunen** der übrigen Gangmitglieder soll Ramon Harpo auf einen Überfall begleiten.
- (Beim) **Warten** auf die alte Dame, die ausgeraubt werden soll, gerät Ramon (ins) **Grübeln**.
- Während die beiden auf dem Treppenabsatz warten, kommt Ramon (ins) **Schwitzen**, da er ziemlich nervös ist. Um sich abzulenken, redet er ununterbrochen.
- (Vom) pausenlosen **Reden** Ramons sichtlich genervt, bringt Harpo Ramon dadurch (zum) **Schweigen**, dass er sagt, Machos müssten auch einmal den Mund halten können.

S. 88, Ü 5:
- Bevor Ramons Mutter seelisch krank wurde, erfüllte (fröhliches) **Singen** und **Lachen** das Haus.
- (Lautes) und (ständiges) **Streiten** mit ihrem Mann, Geldsorgen und ihr Heimweh nach Puerto Rico haben sie traurig und krank gemacht.
- Abends hat Ramon häufig ihr (leises) **Weinen** gehört.
- Ramons Vater leidet darunter, dass die amerikanische Gesellschaft puertoricanische Einwanderer ausgrenzt: Sein (zorniges) **Aufbegehren** gegen diese Diskriminierung verschlechtert seine Situation noch weiter.
- Auf einer Demonstration zur Unabhängigkeit Puerto Ricos führt sein (unkontrolliertes) **Verhalten** dazu, dass er einen Polizisten angreift. Nun sitzt er im Gefängnis.

S. 88, Ü 6: **Harpos Clique und ihre Raubüberfälle**

Ramon möchte endlich ein richtiger Macho sein. Deshalb ist es sein größter Wunsch, in die Jugendgang des Viertels aufgenommen zu **werden**. Unangreifbarer Bandenchef ist Harpo; die anderen Mitglieder heißen Angel, Julio und Belämmerter Luis.
Der Belämmerte Luis muss im Viertel oft Lebensmittel <u>ausliefern</u>. <u>Beim</u> **Betreten** der Wohnungen und Appartements seiner Kunden gelingt ihm ein <u>unauffälliges</u> **Auskundschaften** ihrer Lebensverhältnisse. Durch sein <u>aufmerksames</u> **Beobachten** weiß er ziemlich sicher, ob seine Kunden vermögend oder eher arm sind. Wenn die Kunden ihre Lebensmittel bezahlen, zeigt ihm <u>das</u> **Herumwühlen** in ihren Portmonees auch, ob viel Bargeld im Haus ist. Gegenüber dem Belämmerten Luis gibt es kein Misstrauen, da ihn alle Kunden für dumm halten. <u>Dieses</u> **Versorgen** der Gang mit Informationen garantiert dem Belämmerten Luis einen Anteil an der Beute.
Nach einer langen Zeit <u>des</u> **Wartens** und <u>des</u> **Ringens** um Anerkennung hat Ramon heute die Ehre, Harpo auf einen seiner Überfälle zu **begleiten**. Zunächst verdunkelt Harpo durch <u>das</u> **Ausschrauben** der Glühbirne den Treppenabsatz über der Wohnung des Opfers. Dass Harpo vor <u>dem</u> **Herausdrehen** der heißen Glühbirne <u>ans</u> **Ablecken** seiner Finger denkt, imponiert Ramon bereits mächtig. Während <u>des</u> **Wartens** fühlt Ramon Angstschweiß auf seiner Stirn. Aber auch Harpo gerät <u>ins</u> **Schwitzen**,

Zu der Seite 90

als die beiden <u>das</u> **Knarzen** der Eingangstür und <u>das</u> **Klackern** der Absätze der alten Dame auf den Treppenstufen hören. Harpo wartet auf den Moment <u>des</u> **Einrastens** des Wohnungsschlüssels und stürzt den Treppenabsatz herunter. Blitzschnell hält er der alten Dame den Mund fest zu, damit niemand <u>ihr</u> **Schreien** hören kann. Nach <u>dem</u> **Entreißen** der Handtasche stößt er sie in ihr Appartement und knallt die Tür zu. Harpo und Ramon rasen zu ihrem Geheimplatz in der Nähe des *Hudson River*.

S. 90, Ü 7: **Ramons erster Überfall**

Ramons großes Ziel ist es, in Harpos Gang aufgenommen zu werden. <u>Vom</u> **Gelingen** des ersten Überfalls, den Ramon allein machen soll, hängt also viel ab. Es muss ihm einfach **gelingen**, Harpo und die anderen davon zu überzeugen, dass er kein Weichling ist.

Harpo ordnet an, dass sich der Belämmerte Luis und Ramon zunächst an einem geheimen Ort **treffen** sollen. <u>Das geheime</u> **Treffen** informiert Ramon über Namen und Adresse der vom Belämmerten Luis ausspionierten Person: Es handelt sich um Arnold Glasser, einen 76-jährigen Maler, der im Rollstuhl sitzt.

Luis <u>genaues</u> **Beobachten** hat ergeben, dass der alte Maler über sehr viel Bargeld verfügt. Luis konnte bei seiner Lebensmittellieferung **beobachten**, dass der alte Maler über sehr viel Bargeld verfügt.

Luis beginnt breit und höhnisch zu **grinsen**, als er merkt, dass Ramon unruhig wird: In seinen Augen ist Ramon ein Feigling. Luis hat <u>ein breites</u> und <u>höhnisches</u> **Grinsen** im Gesicht, als er merkt, dass Ramon unruhig wird.

Als Ramon das Appartementhaus erreicht, fängt sein Magen an, nervös zu **kribbeln,** und er hört sein Herz **pochen**. <u>Nervöses</u> **Kribbeln** in der Magengegend macht sich breit, als Ramon das Appartementhaus erreicht. Auch spürt Ramon <u>das</u> <u>laute</u> **Pochen** seines Herzens.

Mit <u>dem</u> **Ertönen** des Summers stößt er die Eingangstür auf und betritt kurz darauf den Aufzug, der sich mit <u>einem</u> <u>leisen</u> **Surren** schließt. Er betritt den Aufzug, den er leise **surren** hört, als sich die Aufzugtür schließt.

Als Ramon an Glassers Wohnungstür klingelt, hört er es metallisch **knarzen** und Glasser hektisch am Türschloss **herumhantieren**. Als Ramon an Glassers Wohnungstür klingelt, hört er <u>ein metallisches</u> **Knarzen** und <u>das hektische</u> **Herumhantieren** Glassers am Türschloss.

Ramon greift nach seinem Messer. <u>Das</u> **Schnappen** der 15 cm langen Klinge nimmt ihm das letzte Fünkchen Angst. Ramon greift nach seinem Messer und lässt die 15 cm lange Klinge **herausschnappen**. Dies nimmt ihm das letzte Fünkchen Angst.

Zu den Seiten 92–94

Im Moment <u>des</u> **Öffnens** seiner Wohnungstür sieht der alte Maler ein Messer auf seine Brust gerichtet und sagt zu Ramon, dass er all sein Geld haben könne und ihn umbringen solle. Als der alte Maler seine Wohnungstür **öffnen** will, sieht er ein Messer auf seine Brust gerichtet und sagt zu Ramon, dass er all sein Geld haben könne und ihn umbringen solle.

S. 92, Ü 8:
- Nach dem missglückten Raubüberfall erfährt Ramon <u>etwas</u> sehr **Bedeutendes**, nämlich, wie wichtig es ist, einen Freund zu haben.
- Er erfährt <u>viel</u> **Interessantes** aus dem Leben Arnold Glassers: Arnold Glasser war in den Dreißigerjahren ein berühmter Maler.
- Ramon blättert in einem Bildband und sieht <u>allerlei</u> **Faszinierendes**: Besonders gut gefallen ihm die leuchtenden Farben der Bilder. Er entdeckt <u>etwas</u> ganz **Neues**: Die Welt der Malerei.
- Irgendwann sahen die Kunstkritiker in Glassers Bildern <u>nichts</u> **Besonderes** mehr und er konnte seine Bilder nicht mehr verkaufen.

S. 93, Ü 9:
- Glasser, der immer auf <u>dem</u> **Laufenden** ist, wo es gerade eine Ausstellung gibt, schlägt Ramon vor, in das berühmte New Yorker *Metropolitan Museum of Art* zu gehen.
- Dieses Museum findet Glasser von allen New Yorker Museen <u>am</u> **besten**.
- Ramon holt Glasser zu Hause ab. <u>Im</u> **Folgenden** schiebt er den Rollstuhl über die Straße, sie gehen durch den *Central Park* und erreichen das Museum.
- Sie schauen sich großartige Gemälde an; Ramon fantasiert vor diesen Bildern <u>ins</u> **Blaue** hinein und schreibt abends seine Gedanken in sein Notizbuch.
- Ramon ginge jetzt <u>am</u> **liebsten** öfter ins Museum, hat aber Angst, dass Harpos Gang ihn dann total uncool findet.
- Ramon ist klar, dass in Glassers Leben viel <u>im</u> **Argen** liegt und dass der alte Maler schon lange mit niemandem mehr über seine Probleme gesprochen hat.
- Die beiden verbringen viel Zeit im Museum und verlassen es erst <u>im</u> **Dunkeln** wieder.

S. 94, Ü 10:
- Als Ramon ein Gemälde anfasst, sagt Glasser entrüstet: „<u>Mein</u> **Lieber**, du hast wirklich überhaupt kein Benehmen!"
- Ramon und der wütende Glasser ziehen viele Blicke auf sich und Ramon denkt, dass <u>diese</u> vornehm **Lächelnden** sich gefälligst um ihren eigenen Kram kümmern sollten.
- Im Museum wimmelt es von Menschen. Manche sehen gelangweilt aus. „<u>Ihr</u> **Verrückten**!", denkt Ramon, „Ihr könntet eure Zeit doch besser im *Central Park* verbringen."

Zu den Seiten 95–97

S. 95, Ü 11:
- Nach dem Tod seiner Frau, die <u>das</u> **Wichtigste** in seinem Leben war, zog Glasser sich völlig zurück und hörte auf zu malen. All seine **Bilder**, <u>die</u> **großen** und <u>die</u> **kleinen**, brachte er auf den Dachboden.
- Manchmal sagten Bekannte über ihn: „<u>Der</u> **Verrückte** wird nie wieder <u>der</u> **Alte** werden!", und kümmerten sich nicht mehr um ihn.
- Als die beiden durch den *Central Park* schlenderten, sagte Glasser zu Ramon: „Siehst du <u>den</u> **Dicken** da hinten; der hat meine Bilder in einer Kunstzeitschrift völlig niedergemacht und ich konnte nichts mehr verkaufen."
- <u>Die</u> **großen** und **bedeutenden** unter New Yorks Galeristen wandten sich von Arnold Glasser ab.

S. 96, Ü 12:
- im Wesentlichen – das Wesentliche – wesentlich
- im Allgemeinen – das Allgemeine – allgemein
- im Großen und Ganzen – das Große und Ganze – groß und ganz
- im Einzelnen – das Einzelne – einzeln
- im Folgenden – das Folgende – folgend
- im Übrigen – das Übrige – übrig

S. 96, Ü 13:
- Ramon gibt gerne komische Geschichten zum **Besten**.
- Da der Belämmerte Luis manchmal ein wenig beschränkt ist, kann man ihm das **Blaue** vom Himmel herunterlügen.
- Nach einem Raubüberfall sucht Harpos Clique schnell das **Weite**.
- Es gelingt der Polizei nicht, sie zu erwischen: Sie tappt ständig im **Dunkeln**.
- Ramons Vater ist ein Typ, der sofort aufs **Ganze** geht, wenn er das Gefühl hat, ungerecht behandelt zu werden.
- Über die politische Entwicklung in seiner Heimat Puerto Rico ist er immer auf dem **Laufenden**.
- Ramon hofft, dass sich alles zum **Guten** wendet und sein Vater bald aus dem Gefängnis entlassen wird.
- Obwohl Glasser sich im **Klaren** darüber ist, dass Ramon Raubüberfälle begeht, hat er ihm nie das **Geringste** vorgeworfen.
- Vielleicht deshalb nicht, weil in seinem eigenen Leben so einiges im **Argen** liegt.

S. 97, Ü 14: **Ramon und Glasser – die Geschichte einer besonderen Freundschaft**

Ramon ist glücklich, dass er durch den Überfall auf den **alten** Maler endlich die Chance bekommt, in Harpos Clique aufgenommen zu werden. Er geht direkt <u>aufs</u> **Ganze** und bedroht den **alten**, gebrechlichen Mann mit seinem Klappmesser: Ramon hatte sich <u>im</u> **Voraus** <u>alles</u> **Mögliche** vorgestellt. Nun ereignet sich jedoch <u>etwas</u> **Seltsames**: Der Maler bittet Ramon, ihn umzubringen, da er im Leben <u>nichts</u> **Schönes** mehr zu erwarten habe. Er habe <u>viel</u> **Trauriges** erlebt. Das bisschen Geld, was er noch habe, könne Ramon sich aus der Küche holen. Ramon hat das Gefühl, <u>einen</u> **Verrückten** vor sich zu haben, nimmt die zwölf Dollar vom Küchentisch und verlässt blitzschnell die Wohnung. Harpo verspottet ihn, gibt ihm aber eine zweite Chance. Nachdem Ramon Glassers Wohnung komplett auf den Kopf gestellt hat, ist er sich darüber <u>im Klaren</u>, dass es hier <u>nichts</u> **Wertvolles** zu holen gibt. <u>Das</u> **Außergewöhnliche** sind allerdings die vielen Bücher und die Gemälde, die überall herumstehen. Am **besten** wäre es, schleunigst zu verschwinden, da Glasser genauso arm ist wie er selbst. Als ihm Glasser dann auch noch ein Gemälde schenkt, ein sehr **farbenfrohes** und **schönes**, fühlt er sich elend.

Nach und nach entwickelt sich <u>etwas</u> ganz **Besonderes** zwischen dem alten Maler und dem **vierzehnjährigen** Ramon. Ramon erfährt <u>viel</u> **Aufregendes** und <u>allerlei</u> **Bedrückendes** aus dem Leben des einst **berühmten** Malers, der den **richtigen** Durchbruch jedoch nicht schaffte. Doch dank Ramons Hilfe wendet sich im Leben des Malers noch einmal alles <u>zum</u> **Guten**.

Es gelingt Ramon, einige von Glassers Bildern zu verkaufen und die **besten** in einer Galerie auszustellen. So gewinnt Glasser <u>etwas</u> **Wichtiges** zurück: seinen Lebenswillen. Er beginnt, wieder zu malen.

Glasser wiederum entdeckt <u>das</u> **Besondere** in den Texten, die Ramon in sein Notizbuch schreibt. Er findet, dass Ramon mit diesen Texten <u>etwas</u> **Großartiges** geschaffen hat. Er überzeugt ihn davon, kein Weichling zu sein, wenn er Lust hat, Drehbuchautor zu werden, und ermutigt ihn, ohne sein Messer auszukommen.

S. 99, Ü 15:
- Ramons Eltern sind arm und so wissen sie oft nicht, wie sie die am **Ersten** (1) fällige Miete zahlen sollen.
- Deswegen haben die **Zwei** (2) sich früher oft gestritten.
- Ramon, der **Dritte** (3) im Bunde, konnte die ewigen Streitereien nicht gut ertragen.
- Manchmal haben sich die beiden auch Geld von der Nachbarin Mrs. Garcia geliehen und versichert, es ihr in **fünfzehn** (15) Tagen zurückzuzahlen.
- Harpos Gang trifft sich an jedem **Zehnten** (10) des Monats an ihrem Geheimplatz.
- Um sich fit zu halten, trainieren Harpo, der Belämmerte Luis, Angel und Julio den Hundertmetersprint. Der Belämmerte Luis kommt leider immer nur als **Fünfter** (5) ins Ziel.
- Ramon besucht seine Mutter **dreimal** (3-mal) in der Woche im Krankenhaus.

S. 100, Ü 16: Sehr geehrter Herr Glasser,

noch nie habe ich einen Menschen wie **Sie** kennengelernt: Ich habe **Sie** mit einem Messer bedroht, **Ihre** Wohnung total verwüstet und verzweifelt nach **Ihrem** Geld gesucht. **Ihnen** schien alles egal zu sein, **Sie** wollten sogar, dass ich **Sie** umbringe. Als ich dann eines **Ihrer** Bilder bewunderte und sagte, es erinnere mich an die Papierdrachen im *Central Park* und

an einen Himmel voller Überraschungen, haben **Sie** meine Sprache gelobt. In diesem Moment habe ich gedacht, dass **Sie** völlig verrückt sind. Ich wollte nur noch raus aus **Ihrer** Wohnung, obwohl ich mich mit der mickrigen Beute von 12 Dollar kaum zu Harpo traute.
Wie erwartet hat mich Harpos Gang zur Schnecke gemacht. Niemand glaubte mir, dass bei **Ihnen** nichts zu holen sei. Da ich in die Gang wollte, musste es einen erneuten Überfall auf **Sie** geben. Also verschaffte ich mir mit einem kleinen Trick Zugang zu **Ihrer** Wohnung.
Ein Blick in **Ihren** Kühlschrank hat mir gezeigt, dass **Sie** genauso arm sind wie ich. Hier gab es nichts außer einem Stück altem Käse, einer fast faulen Banane, zwei Äpfeln und einem Stückchen Brot. Wie **Sie** sich sicherlich vorstellen können, habe ich mich total elend gefühlt. Für mein mieses Verhalten möchte ich **Sie** um Entschuldigung bitten.

Ihr Ramon

S. 102, Ü 17:
- Am **Mittwochmorgen** ist das Chaos in der Mathestunde wieder besonders groß. Der Mathelehrer bietet demjenigen, der ein rechtwinkliges Dreieck zeichnen kann, sogar einen Dollar.
- Das Chaos in der Mathestunde ist **mittwochs morgens** immer besonders groß.
- Obwohl Ramon **heute Morgen** gar keine Lust hat, in der Schule zu bleiben, schwänzt er nicht mehr.
- Eines **Morgens** hatten die Lehrer ihn nämlich erwischt und ihm Sozialstunden aufgebrummt, da er schon oft geschwänzt hatte.
- Er entscheidet sich dafür, am späten **Nachmittag** in den *Central Park* zu gehen, um dort Glassers Ölgemälde zu verkaufen.
- An schönen Tagen wimmelt es **nachmittags** im *Central Park* nur so von Menschen.
- Bis in den frühen **Abend** hinein versucht Ramon, die Bilder zu verkaufen, aber niemand interessiert sich dafür.
- Ein netter Polizist gibt ihm den Tipp, es **morgen** in den Kunstgalerien der *Madison Avenue* zu versuchen.

Teste dein Wissen 6

S. 103, Ü 1:   **Ramons Geheimplatz**

<u>Am</u> Mittwochnachmittag verlassen Ramon und der alte Maler das *Metropolitan Museum of Art* erst <u>im</u> Dunkeln. Es ist spät geworden, da es im Museum <u>viel</u> Interessantes und Faszinierendes zu entdecken gab. <u>Vom</u> vielen Zuhören ziemlich ermüdet – Glasser musste wirklich jedes Bild <u>kom</u>mentieren! – schiebt Ramon nun den Rollstuhl langsam durch den *Central Park*. <u>Beim</u> Schlendern durch den Park fühlt er sich verfolgt. Er glaubt, den Belämmerten Luis erkannt zu <u>haben</u>, der sich aber blitz-

schnell im Gebüsch versteckt. Ramon bringt Glasser nach Hause. Als Ramon sein Viertel erreicht, taucht da schon wieder der Belämmerte Luis auf. „Ich kümmere mich am besten gar nicht um ihn", beruhigt er sich. Ich weiß, dass sein Mirnachspionieren damit zu tun hat, dass die Clique mir misstraut. Sie glaubt mir nicht, dass Glasser genauso arm ist wie wir alle." Vor dem Einschlafen denkt Ramon noch, dass er morgen unbedingt zu seinem Geheimplatz gehen muss. Er braucht einfach Zeit zum Nachdenken.

So macht er sich nachmittags auf den Weg zum alten Eisenbahngraben: Hier gibt es viel Müll und allerlei Ausrangiertes: alte Kühlschränke, Matratzen, kaputte Fernseher und anderen Elektroschrott. Das Gute an diesem Platz ist, dass hier nie jemand hinkommt.

Ramon versucht, sich daran zu erinnern, was Glasser über sein Schreiben gesagt hat. Er hält ihn für etwas Besonderes, bewundert das Fantasievolle und Poetische in seinen Texten und meint, dass er gar kein Messer brauche. Das Entscheidende aber sei, dass Ramon seinen eigenen Weg finden müsse.

S. 104, Ü 3: **Ramons Entscheidung**

- Um die starke Blutung zu stoppen, presst Ramon fast ohnmächtig vor Schmerz seine Faust in die Wunde.
- Das unaufhörliche Hervorquellen des Blutes ist jedoch nicht zu stoppen.
- Beim mühevollen Hinaufklettern auf die Böschung des Eisenbahngrabens fühlt Ramon, dass sich etwas Entsetzliches in seinem Kopf breitmacht: Die Angst zu verbluten.
- Mit letzter Kraft erreicht er die Straße und spürt das Versagen seiner Beine.
- Zusammengekauert liegt er auf dem Bürgersteig, als er verschwommen eine Stimme hört: „ Der junge Mann stirbt; rufen Sie schnell einen Notarzt. Sie haben doch Ihr Handy dabei."
- Im OP spürt Ramon die Hektik der Ärzte, sieht all die Monitore, Apparaturen und Spritzen und zwingt sich, an etwas Schönes zu denken.
- Als er aus der Narkose aufwacht, ist sein erster Gedanke, dass er nachmittags mit Glasser verabredet ist. Er wollte Glasser damit überraschen, dass dessen Bilder in Nielsons Galerie ausgestellt werden. Nielson bereitet nämlich zum nächsten Ersten eine Ausstellung über die Malerei der dreißiger Jahre vor.
- Ramon ist sich im Klaren darüber, dass er nichts mehr mit Harpos Gang zu tun haben will.
- Er verspricht Glasser, sich von seinem Messer zu trennen, und weiß nun, dass das das einzig Richtige ist.

Zu den Seiten 108–109

Zusammenschreiben oder getrennt schreiben?

S. 108, Ü 1: **Beispiele**:

zurück	an	nach	vorbei
zurückgehen	anziehen	nachdenken	vorbeifahren
zurückkommen	anbringen	nachgehen	vorbeikommen
zurückfinden	analysieren	nachfüllen	vorbeigehen
zurückdenken	angucken	nachgucken	vorbeiführen
zurückerhalten	anlügen	nachhaken	vorbeireiten
zurückgeben	anrichten	nachholen	vorbeibringen
zurückhalten	anhören	nachsalzen	vorbeilassen
zurückholen	anlachen	nachlassen	vorbeischauen
zurücksetzen	anstecken	nachhelfen	vorbeirasen

S. 109, Ü 2:

waagerecht: aufstehen, übereinstimmen, mitdenken, nachgeben, zuvorkommen, vorbeifahren, aufgeben, zuhören, wegschauen, dazugehören, wegnehmen

senkrecht: innehalten, zurechtfinden, entgegenkommen

diagonal: beibringen, abgeben

Zu den Seiten 109–112

S. 109, Ü 3: **Sinnesorgan Ohr**

ausgebildet, aufnehmen, umwandeln, weiterleiten, ungeboren, aufnehmen, unterscheiden, herausgefunden, vorgelesen, wiedererkennt, entwickelt, angeregt, eintreffen, zurückgeworfen, unterscheiden, bestimmen, herkommen, herausfinden, herannaht, umgeben, wahrnehmen

S. 111, Ü 4:
- Ich sah ihn **daherkommen**. Er sah sehr müde aus.
- Meine Deutscharbeit ist gut ausgefallen. Das wird **daher kommen**, dass ich viel gelernt habe.
- Willst du **dabeisitzen**, während ich die Vokabeln lerne?
- Willst du **dabei sitzen** oder lieber stehen?
- Der Abend war sehr lustig. Es sind noch einige Freunde von uns **dazugekommen**.
- Leider sind wir gar nicht **dazu gekommen**, uns zu unterhalten. Die Musik war zu laut.
- Dieses Wort wird **zusammengeschrieben**.
- Sie haben das Buch **zusammen geschrieben**.
- Ich habe den Ball verschlagen. Kannst du ihn bitte **wieder holen**?
- Wir haben dieses Thema schon so oft **wiederholt**.
- Gute Freunde können sich in schlechten Zeiten **aufeinander verlassen**.
- In meinem Praktikum musste ich den ganzen Tag Kisten **aufeinanderstapeln**.
- In der Fahrstunde wollte ich **rückwärts einparken**.
- Deshalb bin ich **rückwärtsgefahren**.
- Bestimmt wirst du in deiner neuen Schule gut **zurechtkommen**.
- Du erhältst diese Urkunde **zu Recht**, weil du der Beste gewesen bist.

S. 112, Ü 5: baden gehen
lesen üben
tanzen gehen
schlafen lassen
geschenkt bekommen
arbeiten gehen
verloren gegangen
getrennt schreiben
gesagt bekommen
laufen lernen
liegen sehen

S. 112, Ü 6: **Beispiele:**
- Ich mag es, im Sommer im Meer baden zu gehen.
- Grundschulkinder müssen viel lesen üben.
- Meine Schwester liebt es, tanzen zu gehen.

Zu den Seiten 113–114

- Meine Mutter hat mich am Sonntag schlafen lassen, weil ich Samstag lange gefeiert habe.
- Zu Weihnachten habe ich viel Schönes geschenkt bekommen.
- In den Ferien werde ich arbeiten gehen, damit ich meinen Vespa-Führerschein bezahlen kann.
- Meine kleine Schwester ist am letzten Samstag in einem Kaufhaus verloren gegangen. Zum Glück haben wir sie wiedergefunden.
- Es ist nicht so leicht sich zu merken, welche Ausdrücke man getrennt schreiben muss.
- Manche Dinge muss man öfter gesagt bekommen, damit man sie versteht.
- Wenn Kinder laufen lernen, wirkt das meist sehr tollpatschig.
- Ich habe gestern im Schaufenster genauso einen Pullover liegen sehen, wie ich ihn schon immer haben wollte.

S. 113, Ü 7:
- Ich habe den Mülleimer stehen gelassen. (→ direkte, bildliche Bedeutung)
  Sie hat ihre Freundin einfach stehengelassen. (→ übertragene Bedeutung, sich abwenden)
- Ich habe meine Jacke im Reitstall hängen lassen. (→ direkte, bildliche Bedeutung)
  Meine Freundin hat mich letzte Woche hängenlassen, obwohl ich ihre Unterstützung gebraucht hätte. (→ übertragene Bedeutung, im Stich lassen)
- Sie befürchtete, dass sie bei ihrem Vortrag steckenbleibt. Aber sie kam kein einziges Mal ins Stocken. (→ übertragene Bedeutung, unfreiwillig unterbrechen)
  Letzte Woche sind wir mit dem Wagen im Schlamm stecken geblieben. (→ direkte, bildliche Bedeutung)
- Die ganze Arbeit ist liegengeblieben, weil ich mir eine Woche Urlaub genommen habe. (→ übertragene Bedeutung, unerledigt geblieben)
  Er war heute morgen so müde, dass er am liebsten liegen geblieben wäre. (→ direkte, bildliche Bedeutung)
- Er hat das Fenster die ganze Nacht über offen gelassen, sodass der Raum völlig ausgekühlt war. (→ direkte, bildliche Bedeutung)
  Der Lehrer hat offengelassen, ob er dieses Jahr mit seiner Klasse noch einen Ausflug unternimmt. (→ übertragene Bedeutung, unbeantwortete Frage)
- Dieses Ergebnis kann sich wirklich sehenlassen. (→ übertragene Bedeutung, überzeugend)
  Nach seinem Umzug hat er sich nur noch selten sehen lassen. (→ direkte, bildliche Bedeutung)

S. 114, Ü 8: feige sein, dafür sein, dagegen sein, sicher sein, bereit sein, nett sein (lustig sein, mutig sein, allein sein, froh sein, glücklich sein, traurig sein, müde sein, dabei sein, zurück sein, stark sein)

S. 115, Ü 9: **Das Gehör schützen**

Jeder Mensch sollte gut darüber Bescheid wissen, wie er sein Gehör schützen kann. Das Gehör verschlechtert sich mit zunehmendem Alter, aber bereits viele junge Leute hören schlecht, weil sie ihren Ohren keine Ruhe gönnen. Gerade auf ein gutes Gehör sollte man aber Wert legen. Ein Besuch in der Diskothek kann Angst machen. Denn hier erreicht der Schallpegel durchaus 110 Dezibel, ab 85 schreibt das Gesetz einen Hörschutz vor. Damit man in Discos und auf Partys weiterhin seinen Spaß haben und laute Musik hören kann, sollte man vielleicht über Ohrenstöpsel nachdenken. Ständiger Lärm kann Stress auslösen und dauerhaft zu Hörschäden führen.

Ein Hörschaden durch Lärm entsteht im Innenohr: Haarsinneszellen knicken ab und verlieren die Fähigkeit, die Schwingungen als Nervenreize weiterzuleiten. Zerstörte Haarsinneszellen erholen sich nicht mehr, die Hörschäden bleiben irreparabel.

Viele Menschen unterschätzen den Lärmpegel, der sie ständig umgibt. Besorgnis erregen auch viele Kinderspielzeuge. Werden diese zu nah an das Ohr gehalten, entstehen Schädigungen. Rassel, Triller oder Spielzeugpistolen erreichen einen Pegel, der gesundheitsschädlich ist. Auch die Lautstärke in Schulen kann zu Hörschäden führen. Klassenräume hallen, Schüler und Schülerinnen lärmen und unsere Ohren leiden. Deshalb sollte sich jeder Mühe geben und seine Ohren schützen, indem er hin und wieder die Stille genießt.

S. 116, Ü 10: Vertrauen erwecken
Furcht einflößen
Recht haben
Rücksicht nehmen
Nachsicht üben
Ruhe geben
Aufsehen erregen
Feuer fangen
Fuß fassen
Frieden schließen
Unheil verkünden
Wort halten
Verdacht hegen
Anklang finden
Ausschau halten
Gefahr laufen
Ernst machen
Schritt halten
Anteil nehmen
Gefahr bringen
Zeit sparen

S. 117, Ü 11: **Rund ums Hören**

- Es gibt einige wenige Menschen, die mit den **Ohren wackeln** können. **Ohrenwackelnde (Ohren wackelnde)** Menschen sind eher selten. Die besten Ohrenwackler sind übrigens Katzen: Sie haben mehr als 20 Muskeln in ihrem Ohr.
- Die Ohren sind aber in erster Linie nicht zum Wackeln, sondern zum Hören da. Der Mensch hört, weil es Schallwellen gibt, die durch Schwingungen in der **Luft entstehen**.
- Der Mensch ist also immer von **Geräuschen umgeben**. Selbst im Schlaf sind die Ohren auf **Empfang gestellt**.
- Absolute Stille gibt es nur im Weltraum, weil es dort keine Luft gibt und sich somit kein **Schall ausbreiten** kann.
- Menschen hören aber auch in einem **schallgeschützten (Schall geschützten)** Raum noch etwas, nämlich ein leises Sirren oder Pfeifen. Das ist ein Eigengeräusch des Ohres, das normalerweise vom Gehirn herausgefiltert wird.
- Menschen, bei denen dieser Filter nicht mehr funktioniert, leiden unter einem sogenannten Tinnitus. Weil das ständige Surren und Brummen im Ohr auf die Dauer belastend ist, wenden sie sich oft **hilfesuchend (Hilfe suchend)** an viele Ärzte.
- Es gibt Behandlungen, die bei einem Tinnitus **Erfolg versprechen**.
- **Erfolgversprechend (Erfolg versprechend)** sind beispielsweise Therapien, die den **leidgeprüften (Leid geprüften)** Patienten zeigen, wie man die unliebsamen Ohrgeräusche überhören kann.
- Jeder sollte seine **Ohren schützen**, indem er hohe Lautstärken meidet und im Zweifelsfall einen Gehörschutz nutzt.
- Die **besorgniserregende (Besorgnis erregende)** Lautstärke in den Diskotheken führt nicht selten zu Hörschäden bei Jugendlichen.
- Ca. 15 Millionen Menschen leiden in der Bundesrepublik unter Hörstörungen. Vielen von ihnen könnte ein Hörgerät helfen. Aber für viele ist es auch heute noch eine **furchteinflößende (Furcht einflößende)** Vorstellung, ein Hörgerät zu tragen.
- Gerade junge Menschen machen aber **vertrauenerweckende (Vertrauen erweckende)** Erfahrungen mit dem Tragen eines Hörgerätes. Denn sie sind flexibler und können sich noch besser umstellen als ältere Menschen.

S. 118, Ü 12: **Beispiele**:

Beim Kartenspielen gewinne ich immer.
Tägliches Zeitunglesen macht Spaß.
Das Abschiednehmen fällt vielen schwer.
Das Zugfahren entspannt.
Sein Atemholen konnte jeder hören.
Das Fahrradfahren hält gesund.
Regelmäßiges Maschineschreiben trainiert die Schnelligkeit.
Das Schlangestehen vor den Konzerten ist aufregend.

Zu den Seiten 119–120

Beim Golfspielen muss ich sehr konzentriert sein.
Das Skilaufen ist der schönste Sport, den ich mir vorstellen kann.
Dieses laute Musikhören schädigt das Gehör vieler Jugendlicher.

S. 119, Ü 13:

S	T	A	T	T	G	E	B	E	N	Q	W	R	T	Z
D	F	S	C	H	L	A	F	W	A	N	D	E	L	N
S	B	G	H	J	K	E	I	S	L	A	U	F	E	N
C	L	E	L	E	I	D	T	U	N	M	F	T	D	M
H	H	N	R	M	K	E	R	T	Z	T	S	E	S	A
U	F	A	G	G	A	B	C	D	U	E	T	I	A	K
T	D	L	U	E	S	F	G	H	T	I	A	L	K	O
Z	Z	A	I	S	J	T	K	L	J	L	T	N	H	P
I	R	M	N	M	H	N	E	O	H	H	T	E	Z	F
M	T	N	P	K	Q	A	R	S	G	A	F	H	U	S
P	P	V	T	U	S	V	L	N	G	B	I	M	I	T
F	E	C	Q	W	I	A	U	T	F	E	N	E	O	E
E	D	I	K	L	J	M	G	D	E	N	D	N	P	H
N	H	A	N	D	H	A	B	E	N	N	E	T	L	E
W	E	T	T	M	A	C	H	E	N	A	N	F	N	N
A	S	C	H	L	U	S	S	F	O	L	G	E	R	N

waagerecht: stattgeben, schlafwandeln, eislaufen, leidtun, handhaben, wettmachen, schlussfolgern

senkrecht: schutzimpfen, teilhaben, stattfinden, teilnehmen, kopfstehen

diagonal: haushalten, danksagen

S. 120, Ü 14: 1 achtgeben / Acht geben,
2 haltmachen / Halt machen
3 maßhalten / Maß halten
4 rückenschwimmen / Rücken schwimmen
5 marathonlaufen / Marathon laufen
6 staubsaugen / Staub saugen

S. 120, Ü 15: heimreisen, heimkommen, irreführen, preisgeben, standhalten, bruchrechnen, kopfrechnen, sonnenbaden, segelfliegen, wettlaufen, notlanden, seiltanzen, schlafwandeln, wehklagen, wetteifern, maßregeln, handhaben, stattgeben, teilnehmen, danksagen, eislaufen, kopfstehen, handhaben, schutzimpfen, wettmachen, leidtun, schlussfolgern, teilhaben, stattfinden, haushalten, achtgeben / Acht geben, haltmachen / Halt machen, maßhalten / Maß halten, brustschwimmen / Brust schwimmen, marathonlaufen / Marathon laufen, staubsaugen / Staub saugen

S. 121, Ü 16: böse werden, genau nehmen, still sitzen, gut gehen, sauber schreiben, glücklich lächeln, lieb gewinnen, nahe liegen, übel nehmen, bewusst machen, schmutzig machen, kalt werden, gut aussehen, richtig ausruhen, langsam fahren, traurig gucken, kritisch denken, lästig fallen, laut lachen, schnell laufen, leise sprechen, auswendig lernen, ernst nehmen, leer stehen, wach halten

S. 122, Ü 17:
- Du hast mit deiner Vermutung **richtiggelegen**.
  Wenn du nachts **richtig liegst**, bekommst du keine Rückenschmerzen.
- Für seine Fehler sollte man **geradestehen**.
  Wenn man nicht **gerade steht**, drohen Haltungsschäden, weil die Muskulatur verkümmert.
- Sie ist in den Morgenstunden **schwer gefallen**.
  Mir ist die Englischarbeit **schwergefallen**.
- Ich habe sehr viele Bewerbungen geschrieben, weil ich **sichergehen** wollte, dass ich einen Praktikumsplatz bekomme.
  Weißt du genau, dass du in diesen Stöckelschuhen **sicher gehen** kannst?
- Die Kiste ist sehr schwer, wir sollten sie **zusammen tragen**.
  Wir werden die einzelnen Ergebnisse morgen in der Stunde **zusammentragen**.
- Ich bin mir sicher, dass du die nächste Deutscharbeit **gut schreibst**.
  Meine Oma hat mir zu meinem Geburtstag einen Betrag auf meinem Sparkonto **gutgeschrieben**.
- Von dem Kuchen ist nichts **übrig geblieben**.
  Es wird uns nichts anderes **übrigbleiben**, als uns dem Beschluss der Mehrheit zu fügen.

S. 123, Ü 18: **Beispiele:**
- Ich bin mir sicher, dass du deine Arbeit **gut machst**.
  Weil sie ihren Freund letzte Woche versetzt hat, hat sie das Gefühl, etwas **gutmachen** zu müssen.
- Wenn du weiter so **schief gehst** und nicht auf deine Haltung achtest, wirst du Rückenschmerzen bekommen.
  Wenn unser Plan **schiefgeht**, überlegen wir uns eine Alternative.
- Letzte Woche habe ich einen Unfall mit meinem Fahrrad gehabt, ich bin mit einem Auto **zusammengefahren**. Zum Glück habe ich mich dabei nur leicht verletzt.
  Die Tür schlug unerwartet laut zu, sodass (so dass) ich vor Schreck **zusammenfuhr**.
- Du musst diese Ankündigung ganz **großschreiben**, damit sie jeder sieht. Nimm am besten Schriftgröße 20.
  Viele Schüler haben Schwierigkeiten zu erkennen, welche Wörter sie **groß schreiben** müssen.

Zu den Seiten 125–127

- Im Deutschunterricht haben wir gerade geübt, **frei zu sprechen**.
  Der Richter hat den Angeklagten **freigesprochen**, er war überzeugt davon, dass er unschuldig ist.
- Lass uns die Wohnung gemeinsam aufräumen, dann ist das **flott gemacht** und wir können anschließend etwas Schönes unternehmen.
  Nächste Woche werde ich mein Motorrad **flottmachen**, die Saison beginnt.
- Der Polizei gelang es, einen lang gesuchten Einbrecher **festzunehmen**.
  Kannst du diese Vase bitte einmal ganz **fest nehmen**, damit sie auf keinen Fall herunterfällt.

S. 125, Ü 19: nasskalt, feuchtwarm, altmodisch, schwarzweiß, dummdreist, süßsauer, graublau, schwülwarm, taubstumm, grünblau, blauäugig, großspurig, vieldeutig, zweifach, kleinmütig, kleinlaut, lauwarm, einfach

S. 125, Ü 20: altmodisch, blauäugig, dummdreist, einfach, feuchtwarm, graublau, großspurig, grünblau, kleinlaut, kleinmütig, lauwarm, nasskalt, schwarz-weiß/schwarzweiß, schwülwarm, süßsauer, taubstumm, vieldeutig, zweifach

S. 126, Ü 21: **Beispiele:**
- bitterböse, bitterkalt, bitterernst, bittersüß
- kurzatmig, kurzfristig, kurzweilig, kurzhaarig, kurzsichtig, kurzsilbig
- supergut, superschön, supernett, superschnell, superschlau, superreich, supermodern, superleicht, superklug, superfein
- todtraurig, todunglücklich, todernst, todelend, todbleich, todkrank, todlangweilig, todmüde, todschick
- überglücklich, übervorsichtig, übertariflich, überschaubar, überqualifiziert, überfällig, überbevölkert, überlegt, übergenau, übergroß, überzüchtet
- uralt, uramerikanisch, urgemütlich, urkomisch, urmenschlich, urplötzlich, ursprünglich

S. 127, Ü 22:
- Er fand seinen **selbstgestrickten** Pullover sehr schön.
  Er fand seinen **selbst gestrickten** Pullover sehr schön.
- Manchmal fand sie ihre **treusorgende** Oma zu ängstlich.
  Manchmal fand sie ihre **treu sorgende** Oma zu ängstlich.
- Seine Freundin hatte ihn zu Unrecht kritisiert, sodass er **schwerbeleidigt** war.
  Seine Freundin hatte ihn zu Unrecht kritisiert, sodass er **schwer beleidigt** war.
- Auch wenn Ratschläge sehr **gut gemeint** sind, können sie anstrengend sein.

Zu den Seiten 128–129

- Wenn Kinder nur sehr **leicht behindert** sind, sollten sie eine Regelschule besuchen.
- **Schwerbehinderte** Kinder brauchen sehr viel Zuwendung und Pflege.
  Schwer behinderte Kinder brauchen sehr viel Zuwendung und Pflege.
- Die Plätzchen kamen ganz **frisch gebacken** aus dem Ofen und dufteten herrlich.
- Die Erklärungen meines Physiklehrers sind für mich **leichtverständlich**, weil Physik mein Lieblingsfach ist.
  Die Erklärungen meines Physiklehrers sind für mich **leicht verständlich**, weil Physik mein Lieblingsfach ist.
- Die Schweiz ist ein sehr **dicht bevölkertes** Land.
- Norwegen, Schweden und Finnland sind hingegen **dünnbesiedelt**.
  Norwegen, Schweden und Finnland sind hingegen **dünn besiedelt**.

S. 128, Ü 23:

Wortgruppe	Zusammensetzung
das Blut stillend	blutstillend
einen Finger breit	fingerbreit
mehrere Meter hoch	meterhoch
einige Monate lang	monatelang
vom Sport begeistert	sportbegeistert
gegen Hitze beständig	hitzebeständig
vom Computer gesteuert	computergesteuert
vor dem Wind geschützt	windgeschützt
tief bis zum Knöchel	knöcheltief
mehrere Jahre lang	jahrelang
das Herz erquickend	herzerquickend
schnell wie ein Blitz	blitzschnell

S. 129, Ü 24: Individuelle Lösung

Fremdwörter

S. 135, Ü 1:

Fremdsprachige Schreibweise	Eingedeutschte Schreibweise
die Photographie	die Fotografie
photokopieren	fotokopieren
das Mikrophon	das Mikrofon
der Photograph	der Fotograf
photogen	fotogen
das Saxophon	das Saxofon
das Xylophon	das Xylofon
die Graphikkarte	die Grafikkarte
der Paragraph	der Paragraf
die Orthographie	die Orthografie
der Graphit	der Grafit
die Biographie	die Biografie
die Choreographie	die Choreografie

S. 135, Ü 2:
- die ?antasie — die Phantasie / die Fantasie
- ?antasievoll — phantasievoll / fantasievoll
- der Pan?er — der Panther / der Panter
- der ?unfisch — der Thunfisch / der Tunfisch
- die Myr?e — die Myrrhe / die Myrre
- der Del?in — der Delphin / der Delfin
- das ?etto — das Ghetto / das Getto
- der Yo?urt — der Joghurt / der Jogurt
- die Spa?etti — die Spaghetti / die Spagetti

S. 136, Ü 3: Anderes Wort für Nashorn: RHINOZEROS

Irrgarten: LABYRINTH

Musikalische Menschen haben den ? im Blut: RHYTHMUS

Eine beeindruckende bischöfliche Kirche nennt man: KATHEDRALE

Wissenschaftler, der den Sinn des Daseins erklären möchte: PHILOSOPH

Anderes Wort für eine lange Fadennudel: SPAGHETTI

Zu den Seiten 138–139

In der Führerscheinprüfung muss man die Praxis und die ? bestehen: THEORIE

Findest du jemanden nett, so ist er dir in jedem Fall: SYMP**A**THISCH

26 Buchstaben bilden das: ALPHABET

Wissenschaft von den Gesetzmäßigkeiten der Mechanik, der Elektrizität und der Wärmelehre: PHYSIK

Sich über einen Sieg freuen: TRIUMPHIEREN

Bretter, die die Welt bedeuten: THEATER

Das Lösungswort heißt *Orthographie* und ist das Fremdwort für *Rechtschreibung*. Die weitere mögliche Schreibweise ist *Orthografie*.
Das Wort *Spaghetti* kann auch *Spagetti* geschrieben werden.

S. 138, Ü4: die Katastrophe, der Asphalt, das Phantombild, die Phase, die Phobie, der Pharao, der Apostroph, die Philharmonie, die Atmosphäre

S. 138, Ü 5:

Asphalt	grauschwarzer Straßenbelag
Atmosphäre	Lufthülle, die unsere Erde umgibt
Philharmonie	Konzertsaal oder Spitzenorchester
Pharao	altägyptischer König
Apostroph	Fachbegriff für Auslassungszeichen
Phantombild	nach Zeugenaussagen am Computer erstelltes Täterbild
Phobie	krankhafte Angst
Katastrophe	großes Unheil, das nicht mehr abzuwenden ist
Phase	bestimmter Zeitabschnitt oder bestimmte Entwicklungsstufe

S. 139, Ü 6: **Beispiele:**

Ein **Phantombild** ist ein nach Zeugenaussagen erstelltes Täterbild.
Ein großes Unheil, das nicht mehr abzuwenden ist, bezeichnet man als **Katastrophe**.
Einen bestimmten Zeitabschnitt oder eine bestimmte Entwicklungsstufe nennt man **Phase**.
Das Fremdwort für krankhafte Angst heißt **Phobie**.
Ein **Pharao** ist ein altägyptischer König.
Die **Atmosphäre** ist die Lufthülle, die unsere Erde umgibt.
Grauschwarzer Straßenbelag heißt **Asphalt**.
Das Fachwort für Auslassungszeichen heißt **Apostroph**.
Einen Konzertsaal, in dem Spitzenorchester spielen, nennt man auch **Philharmonie**.

Zu den Seiten 139–141

S. 139, Ü 7: Ein <u>Mannequin</u> erwacht in seinem Pariser <u>Appartement</u> – alles ist hier sehr <u>chic</u> – und zieht den Morgenmantel über das <u>Negligé</u> aus <u>beigefarbenem</u> <u>Satin</u>. Danach wird der <u>Teint</u> mit etwas <u>Creme</u> und <u>Rouge</u> verschönert und noch schnell <u>Parfum</u> aus dem <u>noblen</u> <u>Flakon</u> aufgelegt. Zum Frühstück gibt es einen <u>Café crème</u> und ein bisschen <u>Baguette</u>, leider kein <u>Croissant</u> und schon gar keinen <u>Crêpe</u>. Das macht zu dick. Auch abends im <u>Restaurant</u> gibt es niemals ein <u>Dessert</u>. Ohne strikte Diät hat man in dieser <u>Branche</u> keine <u>Chance</u>. Ein <u>charmantes</u> Lächeln für den <u>Portier</u> und das <u>Cabriolet</u> wird aus der <u>Garage</u> gefahren. Herrlich, so ein Sportwagen, wenn auch noch ohne <u>Chauffeur</u>. Ein erstes <u>Rendezvous</u> findet um 10 Uhr mit dem <u>Chef</u> der Modelagentur statt: Da lohnt sich noch ein Abstecher in die kleine <u>Boutique</u> direkt hinter dem Eiffelturm. Dort gibt es in der ersten <u>Etage</u> teure <u>Accessoires</u> und das <u>Mannequin</u> denkt: „Dieses <u>Collier</u> wäre ein wunderschönes <u>Souvenir</u>." Leider herrscht jedoch Ebbe im <u>Portemonnaie</u>.

das Mannequin, das Appartement, chic, das Negligé, beigefarben, der Satin, der Teint, die Creme, das Rouge, das Parfum, nobel, der Flakon, der Café crème, das Baguette, das Croissant, der Crêpe, das Restaurant, das Dessert, die Branche, die Chance, charmant, der Portier, das Cabriolet, die Garage, der Chauffeur, das Rendezvous, der Chef, die Boutique, die Etage, die Accessoires/das Accessoire, das Collier, das Souvenir, das Portemonnaie

S. 140, Ü 8: der Installateur, der Ingenieur, der Amateur, der Regisseur, der Souffleur, das Appartement, das Engagement, das Parlament, das Abonnement, die Blamage, die Etage, die Sabotage, die Passage, die Garage, die Reportage, das Portmonee, die Idee, das Klischee, die Tournee, das Croissant, das Restaurant, der Passant, das Baguette, die Kassette, die Pinzette

S. 141, Ü 9:

Französische Wörter	Eingedeutschte Wörter
die Mayonnaise	die Majonäse
die Facette	die Fassette
das Necessaire	das Nessessär
die Sauce	die Soße
der Chicorée	der Schikoree
das Portemonnaie	das Portmonee
passé	passee
charmant	scharmant

Zu der Seite 142

der Charme	der Scharme
die Boutique	die Butike
das Coupé	das Kupee
die Cousine	die Kusine
der Crêpe	der Krepp
die Crème	die Krem / Kreme
das Mohair	das Mohär
der / das Nougat	der / das Nugat
die Bravour	die Bravur
chic	schick
das Cabriolet	das Kabriolett

S. 142, Ü 10: (Einzelne Wörter können auch anders eingeordnet werden.)

Technik / Computer	Sport	Berufswelt	Lifestile / Essen und Trinken / Mode
das Mousepad, die Software, die Hardware, das Spam, der Chatroom, der Download, die Flatrate, der Flatscreen, online, das Bit, der Chip, die Digicam, der / das Laptop, der Laser, der CD-Player, das Recycling	die Inliner, der Champion, der Dunking, der Tiebreak, die Fairness, der Football, das Badminton, der Keeper, das Skateboard, das Kickboard, das Hockey, die Fitness, das Team, das Mountainbike	der Manager, das Marketing, das Callcenter, das Mindmap, das Brainstorming, das Business, der Job	das Lipgloss, der Eyeliner, das Steak, das Styling, die Jeans, der Hamburger, der Smalltalk, das Aftershave, der / das Ketchup, das Make-up, der Toast, das Barbecue

Zu den Seiten 143–145

S. 143, Ü 11:

Englisch	Denglisch
to bowl	bowlen
to chat/to chatter	chatten
to chill	chillen
to dis	(ab)dissen
a fax	faxen
a flirt	flirten
to go shopping	shoppen
to go surfing	surfen
a SMS (short message service)	simsen
a job/a jobber	jobben
to jog along	joggen
to mail	mailen
to mob	mobben
to pierce	piercen
to rap	rappen
to recycle	recyceln/recyclen
to relax	relaxen
to scroll	scrollen

S. 144, Ü 12: Konjugation des Verbs *mailen* (individuelle Lösung)

    1. Pers. Sg.:   ich maile
    2. Pers. Sg.:   du mailst
    3. Pers. Sg.:   er, sie, es mailt
    1. Pers. Pl.:   wir mailen
    2. Pers. Pl.:   ihr mailt/Sie mailen (Höflichkeitsform)
    3. Pers. Pl.:   sie mailen

Teste dein Wissen 8

S. 145, Ü 1:
- Mayonnaise ☒
- Mayonnäse ☐
- Majonäse ☒
- Mayonnais ☐

- Katastrofe ☐
- Kathastrophe ☐
- Katastrophe ☒
- Katasthrophe ☐

- Ghetto ☒
- Gettho ☐

Zu den Seiten 146–149

Getto	☒
Getho	☐
Portemone	☐
Portmonee	☒
Portemonnaie	☒
Portemonnai	☐
Photographie	☒
Fotografie	☒
Photografie	☐
Photography	☐
Necessaire	☒
Nessessär	☒
Neccesaire	☐
Neccessaire	☐

S. 146, Ü 3: das Niveau, das Portmonee, das Mobbing, die These, die Antithese, die Metapher, das Chatten, sympathisch

Zeichensetzung

S. 148, Ü 1:
- Ja, ich freue mich auf die Olympischen Spiele in diesem Jahr.
- Ich werde mir alle Übertragungen im Fernsehen anschauen, ganz bestimmt.
- Schade, ich bin genau in dieser Zeit im Urlaub.
- Rainer und Vera, erkundigt euch doch bitte einmal, wo die nächsten Olympischen Spiele stattfinden werden.
- Klar, 2004 hat Athen die Spiele ausgerichtet.
- Halt, jetzt weiß ich es. Die Spiele 2008 finden in Peking statt.
- Marie-Theres, du weißt doch bestimmt, wer der letzte Fackelträger bei den Olympischen Spielen im Jahre 2004 war?
- Kannst du mir erklären, was die Kreise auf der olympischen Flagge bedeuten, bitte?
- Was ist deine Lieblingssportart, Wilfried?
- Oh je, das finde ich aber sehr langweilig.

S. 149, Ü 2: **Die Spiele der Antike**

Höher, weiter, besser, schneller: Alle vier Jahre messen sich Sportler aus aller Welt bei den Olympischen Spielen, zeigen Höchstleistungen, feiern Siege, erleiden Niederlagen und begeistern das Publikum. Die olympische Idee entstand vor rund 2800 Jahren in der griechischen Antike. Austragungsort war die Stadt Olympia, alle vier Jahre wurden diese

Zu der Seite 151

Spiele dort ausgetragen. Anders als heute ging es in den Wettkämpfen nicht in erster Linie um sportliches Kräftemessen, die Spiele hatten einen religiösen Hintergrund, sie galten als heilig und sollten den weisesten, stärksten und mächtigsten aller Götter – Zeus – gnädig stimmen.
Die antiken Wettkämpfer waren alle Griechen. Ausländer, Sklaven und Frauen durften nicht teilnehmen.
30 Tage vor Spielbeginn kamen die Athleten in einem Trainingslager, das 57 km von Olympia entfernt lag, zusammen. Es gab für die Athleten hier spezielle Trainingsräume, großzügige Bäder, gut ausgestattete Herbergen und auch eine umfangreiche Bibliothek. Sie bereiteten sich intensiv auf die Spiele vor, trainierten hart und befolgten einen strengen Ernährungsplan: Gerstenbrot, Weizenbrei, getrocknete Früchte, Nüsse und frischer Käse.
Die Olympioniken traten in verschiedenen Disziplinen an: Laufen, Weitsprung, Speer- oder Diskuswurf, Fünfkampf, Pferderennen und dann gab es noch den Waffenlauf. Die Sieger verehrte man ein Leben lang.
Die Spiele dauerten zunächst nur einen Tag, dann rückte die religiöse Bindung in den Hintergrund, die Unterhaltung wurde wichtiger und die Spiele dauerten nun mehrere Tage. Straßenhändler verkauften ihre Waren, Artisten, Zauberer und Wahrsager zeigten ihr Können, Dichter lasen aus ihren Büchern und Philosophen diskutierten miteinander.
Im Jahr 394 verbot der christliche Kaiser Theodosius diese Spiele, er hielt sie für einen heidnischen Kult.

S. 151, Ü 3: **Olympische Symbole: Flagge, Fackel und Eid**

- Die Olympischen Spiele verbindet wohl jeder mit einigen Symbolen, insbesondere mit der olympischen Flagge und dem legendären Fackellauf. Viele wissen aber nicht genau, was es mit der Flagge, besonders mit den fünf Ringen, auf sich hat. Viele glauben, dass die fünf farbigen Ringe einfach nur die Erdteile darstellen, nämlich Asien, Europa, Amerika, Afrika und Australien. Das ist aber nur die halbe Wahrheit. Die sechs Farben, nämlich Rot, Blau, Grün, Gelb, Schwarz und der weiße Hintergrund, entsprechen denen sämtlicher Nationalflaggen der Welt. Damit symbolisiert die Flagge, einmal durch die Farben und zum anderen durch die ineinander geschlungenen Kreise, die Verbundenheit der Menschen auf den unterschiedlichen Kontinenten.

- Die olympische Fackel und das olympische Feuer, Zeichen des Friedens und der Verbundenheit zwischen den Völkern, wird einige Monate vor den Spielen entzündet, und zwar vor den Ruinen des Heratempels im griechischen Olympia. Mithilfe eines Parabolspiegels wird die Fackel durch die Sonnenstrahlen entzündet und dem ersten Fackelträger überreicht. Er beginnt den Fackellauf, der das Feuer zum Austragungsort der Olympischen Spiele bringt. Das Feuer kann auf unterschiedlichem Wege transportiert werden, nämlich zu Fuß, mit

Zu der Seite 153

dem Pferd, dem Schiff, dem Fahrrad, dem Auto oder dem Flugzeug. Der Schlussläufer, ein Sportler oder eine prominente Person, entzündet im Stadion das olympische Feuer in einer großen Schale. Dort brennt es als Zeichen des Friedens während der gesamten Spiele.

- Nicht ganz so bekannt ist ein weiteres Symbol, und zwar der olympische Eid. Bei diesem schwören die Athleten, aber auch die Schiedsrichter, dass sie die Regeln des Wettkampfes einhalten. Der genaue Wortlaut heißt: *„Im Namen aller Athleten verspreche ich, dass wir an den Olympischen Spielen teilnehmen und dabei die gültigen Regeln respektieren und befolgen und uns dabei einem Sport ohne Doping und ohne Drogen verpflichten, im wahren Geist der Sportlichkeit, für den Ruhm des Sports und die Ehre unserer Mannschaft."*

S. 153, Ü 4: **Wissenswertes aus dem Olympialand 2008: China**

- China ist mit 1,3 Milliarden Menschen das bevölkerungsreichste Land der Welt, **aber** es ist nur das drittgrößte Land der Welt: Kanada **sowie** Russland sind größer.
- China hat etwa 170 Millionenstädte. Shanghai **und** Peking sind die größten Städte Chinas. Shanghai hat etwa 18 Millionen Einwohner **und** Peking etwa 15 Millionen. Zum Vergleich: Die größte Stadt in Deutschland ist Berlin **und** hat ungefähr 3,5 Millionen Einwohner.
- Die Flagge der VR China ist rot, rechteckig **und** hat einen großen **und** vier kleine goldene Sterne in der linken oberen Ecke. Die Farbe Rot steht für das kommunistische System, das in China besteht.
- Seit dem Jahr 2005 stehen die Menschenrechte in der chinesischen Verfassung, **aber** sie werden oft noch nicht eingehalten. In China gibt es **weder** Pressefreiheit **noch** das Recht auf freie Meinungsäußerung.
- Die fünf offiziell anerkannten Religionen in China sind der Buddhismus, der Taoismus, der Islam, das protestantische **und** das katholische Christentum.
- China weist eine große landschaftliche Vielfalt auf: **Sowohl** der Himalaja und das Hochland von Tibet im Südwesten **als auch** die zahlreichen Wüstenbecken im nördlichen Teil **sowie** die tropische Südostküste sind beeindruckend.
- Ebenso vielfältig ist die Tierwelt Chinas. Sie zeichnet sich vor allem durch seltene Tierarten wie den Großen Panda, die Stumpfnasengiraffe, den Südchinesischen Tiger, den Rotkammkranich, den Weißflossendelfin, den Ohrfasan, den Schopfibis **sowie** den China-Alligator aus.
- Für Europäer ist **sowohl** die chinesische Sprache **als auch** die chinesische Schrift sehr schwierig zu lernen. Es gibt etwa 50 000 unterschiedliche Zeichen, **aber** man benötigt nur 3 000–4 000, um im Alltag zurechtzukommen.
- Dafür ist die Grammatik im Chinesischen leichter als im Deutschen. So kennt das Chinesische **weder** Gegenwart **noch** Vergangenheitsformen.

Zu den Seiten 155–156

- Karaoke ist eine sehr beliebte Freizeitbeschäftigung in China. Chinesen gehen abends zumeist nicht in die Disko oder Kneipe, **sondern** lieber mit Freunden zum Karaoke.
- In China befindet sich das größte Bauwerk der Welt, nämlich die Chinesische Mauer. Sie ist über 6000 km lang **und** wurde ab dem 3. Jahrhundert errichtet, um das Land vor Angreifern zu schützen. Die Große Mauer ist kein durchgehendes Bauwerk, **sondern** sie besteht aus einer Vielzahl verschieden langer Großer Mauern, **aber** auch diese einzelnen Großen Mauern sind teilweise Hunderte von Kilometern lang.
- Nicht nur die Chinesische Mauer beeindruckt die ausländischen Touristen, **sondern** zahlreiche weitere Sehenswürdigkeiten sind einen Besuch wert.
- **Einerseits** fasziniert viele die chinesische Kultur, **anderseits** verurteilen sie zu Recht, dass die Menschenrechte in China nicht eingehalten werden.

S. 155, Ü 5: **Asiatische Sprichwörter**

- Eine Freundschaft ist wie eine Tasse Tee. Sie muss klar und durchscheinend sein und man muss auf den Grund schauen können.
- Hoffnung ist wie der Zucker im Tee: Auch wenn sie klein ist, versüßt sie alles.
- Es ist besser, die Leute zu erschrecken, als diese zu treffen.
- Einmal abschreiben ist besser als zehnmal lesen.
- Lernen ist wie rudern gegen den Strom – wer aufhört, treibt zurück.
- In einem guten Wort steckt für drei Winter Wärme; ein böses Wort verletzt wie sechs Monate Frost.
- Gönne dir einen Augenblick der Ruhe und du begreifst, wie sinnlos du herumgehastet bist.
- Ein Buch ist wie ein Garten, den man in der Tasche trägt.
- Nach einem Feuerwerk ist die Finsternis dunkler, als man es sonst gewohnt ist.
- Schildkröten können dir mehr über den Weg erzählen als Hasen.
- Ein Floh auf der Schlafmatte ist schlimmer als ein Löwe in der Wüste.
- Ein gespannter Bogen ist gefährlicher als ein abgeschossener Pfeil.
- Ein fallender Baum macht mehr Lärm als ein wachsender Wald.
- Viele Menschen lassen sich lieber durch Lob ruinieren als durch Kritik verbessern.
- Denke nicht ans Gewinnen, doch denke darüber nach, wie man nicht verliert.

S. 156, Ü 6: **Die Paralympics**

- <u>Die Paralympics</u>, die in der Regel nach den regulären Olympischen Spielen stattfinden, <u>sind die Olympischen Spiele für Sportler mit körperlicher Behinderung</u>.

Zu der Seite 158

- 1948 gab es zum ersten Mal einen sportlichen Wettbewerb, bei dem behinderte Sportler ihr sportliches Können beweisen und sich mit anderen Sportlern messen konnten.
- Damit es eine direkte Verbindung zu den Olympischen Spielen gab, wurden sie am selben Tag wie diese eröffnet.
- Als Vater der Paralympics gilt der Neurologe Ludwig Guttmann, der in einem Krankenhaus in England die Abteilung für Querschnittsgelähmte leitete.
- Er erkannte, dass das Sporttreiben für den Körper seiner Patienten und für ihr Selbstbewusstsein sehr wichtig war.
- Seit 1960 sind die Olympischen Spiele und die Paralympics so gekoppelt, dass sie in einem kurzen Abstand folgen.
- Obwohl die sportlichen Leistungen behinderter Athleten beeindruckend sind, werden sie viel weniger beachtet als die Leistungen der nichtbehinderten (nicht behinderten) Athleten bei den Olympischen Spielen.
- Das Interesse nimmt aber stetig zu. Während bei den Paralympics 1960 in Rom etwa 400 Athleten aus 23 Ländern an den Start gingen, waren es 2004 in Atlanta bereits fast 4 000 Sportler aus 136 unterschiedlichen Nationen.
- Auch die Sportler der Paralympics stehen unter einem hohen Druck, weil ihre Leistungen immer besser und spektakulärer sein müssen.
- So wurden für fast jede Disziplin spezielle Prothesen entwickelt, die solche Höchstleistungen ermöglichen.
- Auch bei den Paralympics versuchen Sportler ihre Leistungsfähigkeit auf illegalem Wege zu verbessern, indem sie zu Dopingmitteln greifen.
- Nachdem bei den Spielen in Athen 2004 drei Gewichtheber bei einem Dopingtest überführt wurden, wird es bei allen zukünftigen Spielen auch weiterhin strenge Kontrollen geben.

S. 158, Ü 7: Hauptsatz
Nebensatz

Wojtek Czyz – Star der Paralympics 2004

Der Star der Paralympischen Spiele in Athen 2004 war unzweifelhaft Wojtek Czys, der nach einer Unterschenkelamputation im Jahre 2001 nicht aufgab, sondern seinen Lebensmut behielt und sich neue sportliche Ziele setzte. Nachdem er 100 Meter in 12,51 Sekunden lief, 200 Meter in Weltrekordzeit von 26,18 Sekunden und 6,23 Meter weit sprang, gewann er in allen drei Disziplinen eine Goldmedaille. Wie wird man in nur drei Jahren dreifacher Goldmedaillenträger? Bevor Czys bei einem Unfall, der sein Leben radikal verändern sollte, seinen rechten Unterschenkel verlor, war er ein begeisterter Fußballspieler mit Aussicht auf eine Profikarriere bei Fortuna Köln.

Doch beim Abschiedsspiel für seinen alten Verein wurde er stark gefoult: Das gestreckte Bein des gegnerischen Torwarts traf mit voller Wucht sein Knie, sodass es zertrümmert wurde und den Unterschenkel nicht mit genügend Blut versorgte.
Als Wojtek Czyz erfuhr, dass sein Bein nicht mehr zu retten war, brach eine Welt für ihn zusammen, weil sein gesamtes Leben auf das Fußballspielen ausgerichtet war. Doch er hatte Glück und traf auf Menschen, die ihm neue Perspektiven aufzeigten. Während der Rehabilitation in einer Fachklinik, in der er den Umgang mit einer Prothese erlernte, ermutigte ihn sein Sporttherapeut und zweifacher Paralympics-Sieger, für die Paralympics zu trainieren. Darüber hinaus lernte er den Orthopädietechniker Herbert Ganter kennen, der ihm zeigte, wie viel Prothesen leisten können, wenn sie professionell entwickelt und gebaut werden. Beide begleiteten ihn zu den Olympischen Spielen nach Athen und feuerten ihn an.
Wenn man Czys fragt, welche Pläne er noch in seinem Leben hat, zeigt sich seine ganze Energie. Im Moment trainiert er mit voller Kraft für die nächsten Paralympics, weil er hier seine Erfolge verteidigen möchte, obwohl er weiß, dass die Konkurrenz stark aufgeholt hat.
Anschließend hat er sich bereits ein neues Ziel gesetzt. Er möchte der erste Beinamputierte sein, der einen Marathon läuft.

S. 160, Ü 8: **Porträt: Bettina Eistel**

- Bettina Eistel ist eine außergewöhnliche Frau, der es trotz ihrer starken Körperbehinderung gelingt, ein selbstständiges und erfülltes Leben zu führen.
- Mit ihrem Vorbild schafft sie es, vielen körperbehinderten Menschen Mut zu machen.
- Bettina Eistel kam 1961 ohne Arme zu Welt. Der Arzt hatte ihrer Mutter während der Schwangerschaft dazu geraten, ein Medikament zu nehmen, damit sie besser schlafen kann. Frau Eistel nahm nur zwei oder drei Tabletten, aber die Folgen für Bettina waren verheerend.
- Es war für Bettinas Eltern selbstverständlich, ihre Tochter auch mit der Behinderung anzunehmen, sie zu lieben und gut zu fördern.
- Stets machten sie ihr Mut, vieles auszuprobieren und selbstständig zu werden.
- Ihre Eltern bestärkten sie immer darin, unabhängig zu sein und auf eigenen Füßen zu stehen.
- Bettina ergriff die Chance, sich zu behaupten und ihr Leben allein zu leben.
- Sie lernte es, ihre Füße wie Hände zu gebrauchen. Heute schminkt sie sich mit ihren Füßen, sie zieht sich an, kocht, telefoniert, strickt und fährt sogar Auto.
- Hartnäckig kämpften ihre Eltern dafür, Bettina auf eine Regelschule zu schicken.

Zu der Seite 161

- Es gelang ihnen, den Schulbesuch auf einem Hamburger Gymnasium durchzusetzen. 1979 machte Bettina dort ihr Abitur und studierte anschließend Psychologie.
- Sie ist beruflich erfolgreich und hat es dank ihres eisernen Willens geschafft, eine Anstellung in einer Hamburger Erziehungsberatungsstelle zu bekommen. Außerdem moderiert sie das TV-Magazin „Menschen".
- Bettina Eistel ist begeisterte Reiterin. Das Reiten hilft ihr(,) in eine andere Welt einzutauchen und neue Kraft zu gewinnen.
- In einem Interview sagte sie einmal: „Behinderte Menschen sind prädestiniert dafür, kreativ zu denken." Diesen Gedanken setzt sie jeden Tag aufs Neue um.

S. 161, Ü 9: **Bettina Eistel: Ohne Arme auf dem Pferd**

Auch Bettina Eistel ist eine Ausnahmesportlerin. Trotz ihrer Behinderung führt sie ein selbstständiges Leben, ohne auf die Hilfe anderer angewiesen zu sein. Anstatt sich in ihr Schicksal zu fügen, lernte sie von klein auf ihre Füße wie Hände zu gebrauchen. Den Mut, ein selbstständiges Leben zu führen, bekam sie von ihren Eltern, die ihre behinderte Tochter förderten. Statt diese zu bremsen, durfte Bettina vieles ausprobieren. So erlaubten die Eltern ihrer kleinen Tochter auch(,) das Reiten zu lernen. Um ihr eine Freude zu machen, hob ihre ältere Schwester sie als kleines Mädchen auf ein Shetlandpony und die kleine Bettina begeisterte sich schnell für das Reiten. Ohne über mögliche Risiken nachzudenken, freundete sie sich mit den großen Vierbeinern an.
Sie lernte das Reiten in einer therapeutischen Reitgruppe. Früh erkannte man dort ihr Talent(,) mit Pferden umzugehen.
Bettina Eistel entwickelte eine ausgeklügelte Technik, um das Pferd zu führen: Sie reitet mit zwei Zügelpaaren; das eine Paar hält sie zwischen den Zähnen in ihrem Mund und das andere mit ihren Füßen im Steigbügel.
Sie nimmt sich sehr viel Zeit, um ihre Pferde auszuwählen. Denn sie muss sich ganz auf ihr Pferd verlassen können, um die Unfallgefahr zu verringern. Mit ihrem Lieblingspferd Aaron gewann sie bei den Paralympics in Athen 2004 zweimal Silber und einmal Bronze in der Dressur, bei den Europameisterschaften in Ungarn 2006 endlich die lang ersehnte Goldmedaille.
Statt ihren verlorenen Armen nachzutrauen, hat sich Bettina Eistel darauf konzentriert(,) die Kräfte zu nutzen, die sie zur Verfügung hat.
Bettina Eistels großes Ziel ist es, bei den nächsten Paralympics dabei zu sein.

Teste dein Wissen 9

S. 163, Ü 1: **Olympiavorbereitungen in Peking (Teil I)**

Im Juli 2001 wurde Peking zum Ausrichter der Olympischen Spiele 2008 gewählt. Peking setzte sich gegen die Mitbewerber Paris, Toronto, Osaka und Istanbul durch. Sieben Jahre hatte Peking also Zeit, um sich auf das sportliche Großereignis vorzubereiten. Peking hat die Zeit genutzt, Wettkampfstätten geplant, gebaut und mindestens 30 Milliarden Euro investiert, damit das sportliche Großereignis ein Erfolg wird. Die neu entstandenen Arenen, Stadien und Grünanlagen sind architektonische Besonderheiten.

Auch die Pekinger wurden darauf vorbereitet, gute Gastgeber zu sein. So lernten sie eifrig Englisch in Kursen, die kostenlos angeboten wurden, damit sie auf Fragen der ausländischen Gäste antworten konnten.

Um die Gäste durch besonders höfliches Verhalten zu beeindrucken, gab es zahlreiche Benimmkurse, in denen die Pekinger gute Manieren trainieren konnten. Da Peking ein ungeheures Verkehrsaufkommen hat, das für Ausländer nicht zu überblicken ist, gab es hier besonders viel zu tun. So wurde im Vorfeld der Elfte eines jeden Monats zum „Schlangestehtag" erklärt. An diesem Tag kontrollierten Freiwillige, ob die Pekinger ohne Drängeln in Bus und Bahn einsteigen. Andere Helfer passten täglich darauf auf, dass sowohl Fußgänger als auch Radfahrer nicht bei Rot über die Kreuzungen gingen beziehungsweise fuhren. Es ist mittlerweile auch verboten, in Schlafanzug oder Unterhemd oder gar mit freiem Oberkörper auf die Straße zu gehen. All diese Vergehen werden mit Geldstrafen geahndet.

S. 163, Ü 2: **Olympiavorbereitungen in Peking (Teil II)**

Obwohl Peking weder Kosten noch Mühen gescheut hatte, um die Stadt für die Wettkämpfe in einem neuen Glanz erstrahlen zu lassen, erwartete man Probleme bei den Spielen. Die Luftverschmutzung in Peking ist so groß, dass Athleten, die Ausdauersportarten wie Laufen und Radrennen betreiben, Beeinträchtigungen fürchteten, weil sie nicht richtig durchatmen können. Das australische Team hatte bereits angekündigt, es wolle so spät wie möglich anreisen, um seine Athleten vor der schlechten Luftqualität zu schützen. In der Tat gilt Peking als die dreckigste Hauptstadt der Welt. In der 15-Millionen-Stadt gibt es etwa drei Millionen Autos und jeden Tag werden gut 2 000 Wagen neu zugelassen. Die Regierung scheute aber keinen Aufwand, um auch dieses Problem zu lösen. So wurde das U-Bahnliniennetz ausgebaut, um den Verkehr zu entlasten. Solange die Spiele dauerten, stellten alle Fabriken im Umkreis von 120 Kilometern ihre Produktion ein. Außerdem wurde der Berufsverkehr abgeschafft, indem die Pekinger 16 Tage olympischen Sonderurlaub bekamen.

Textquellenverzeichnis

(Die Ziffern in Klammern beziehen sich auf die Lösungen.)

S. 12 (S. 2): Der Panther. Aus: Rainer Maria Rilke: Sämtliche Werke. 6 Bände, hrsg. v. Rilke-Archiv, bes. von E. Zinn. Bd. 1. Frankfurt a. M. 1955; **S. 14 (S. 3):** Die Schnecke/ Der Stier. Beide aus: Heinz Erhardt: Das große Heinz Erhardt Buch. Oldenburg: Fackelträger, 1970; **S. 16 (S. 4):** Wörterbuchauszug. Aus: Duden, Die deutsche Rechtschreibung. 24., völlig neu bearb. u. erw. Aufl. Mannheim (u.a.): Dudenverlag, 2006, S. 828; **S. 42 (S. 16 f.):** Fußball mit Ballfuß. Nach: Karl Riha, in: DIE ZEIT, 5.1.2006, Nr. 3, geändert; **S. 43 f., 45 f., 48 (S. 17, 17, 19):** El Gato: Der beste Torwart der Welt. Nach: Malcolm Peet: Keeper. Übers. v. E. Schoenfeld. Hamburg: Carlsen Verlag, 2006, S. 7 f., 68 ff., 23 ff., geändert; **S. 52 (S. 19 f.):** Zum ersten Mal verliebt. Nach: Ben Faridi: Aber Aisha ist doch nicht euer Eigentum! Mühlheim a. d. Ruhr: Verlag an der Ruhr, 2005, S. 8; **S. 66 (S. 24 f.):** Ein Traum vom Fußball. Von Lieneke Dijkzeul. Übers. v. V. Kiefer. Würzburg: Arena Verlag, 2006; **S. 67:** Aischa oder die Sonne des Lebens. Von Federica de Cesco. Würzburg: Arena Verlag 2003

Bildnachweis

|action press, Hamburg: OLYCOM S.P.A. 80. |action press - die bildstelle, Hamburg: die bildstelle / MC-PHOTO 89. |akg-images GmbH, Berlin: Beethoven-Haus Bonn 130; Heritage Images / Fine Art Images 35. |AP Images: AP Photo/Elaine Thompson 85; AP Photo/Levine, Larry 103. |Arco Images GmbH, Lünen: NPL 75. |Astrofoto, Sörth: EIT/SOHO/NASA 23; NASA 31. |Berghahn, Matthias, Bielefeld: 7, 7, 7, 7, 8, 8, 9, 10, 10, 11, 12, 12, 13, 14, 14, 14, 15, 15, 15, 16, 17, 17, 18, 19, 19, 20, 22, 22, 23, 24, 26, 27, 28, 28, 29, 29, 29, 31, 32, 34, 36, 36, 37, 38, 39, 42, 42, 42, 43, 44, 45, 45, 45, 46, 47, 47, 48, 49, 50, 51, 52, 53, 53, 54, 55, 55, 55, 56, 58, 58, 59, 59, 61, 62, 63, 63, 66, 67, 70, 70, 71, 72, 73, 73, 74, 75, 75, 76, 77, 77, 77, 77, 78, 79, 79, 79, 81, 82, 83, 84, 84, 85, 86, 87, 88, 92, 93, 94, 95, 98, 99, 100, 100, 101, 101, 103, 104, 104, 108, 108, 109, 109, 111, 111, 112, 112, 112, 113, 114, 114, 115, 116, 117, 118, 118, 119, 119, 120, 120, 121, 121, 122, 124, 125, 125, 125, 126, 127, 127, 128, 129, 130, 131, 135, 135, 136, 138, 138, 138, 139, 139, 140, 141, 141, 142, 142, 145, 148, 149, 151, 152, 154, 156, 158, 159, 161, 163, 163. |Bibliographisches Institut GmbH, Berlin: 16. |Carlsen Verlag GmbH, München: Mel Peet: Keeper, © Carlsen Verlag GmbH, Hamburg 2006 45. |Cinetext Bild & Textarchiv GmbH, Wetzlar: 18. |KNA - Katholische Nachrichten-Agentur, Bonn: Radtke, Wolfgang © 2008 KNA-Bild Alle Rechte vorbehalten 66. |Lantelme, Jörg, Kassel: 97. |OKAPIA KG - Michael Grzimek & Co., Frankfurt/M.: Dirscherl, Reinhard 81. |Picture-Alliance GmbH, Frankfurt/M.: akg-images 150; blickwinkel / McPHOTO/ Gann, M. 29; chromorange/Spremberg, Karl-Heinz 91; dieKLEINERT.de / Fritzmann, Claus 110; dpa 164; dpa - Sportreport/ Wolf, Jens 50; dpa / apa Fohringer, Helmut 148; dpa /View Reiner Voß 13; dpa-Sportreport/ afp West, William 156; dpa/KPA 15; dpa/Rainer Jensen 9; Picture Press/NASA / VRS 31; Reinhard, Hans/OKAPIA 153. |REUTERS, Berlin: Gaillard, Eric 74. |stock.adobe.com, Dublin: DWP 116; zaretskaya 139. |Terzio / Möllers & Bellinghausen Verlag GmbH, München: edition quinto 61. |Verlag an der Ruhr GmbH, Mülheim an der Ruhr: 57.